投票せよ、されど政治活動はするな!?

――18歳選挙権と高校生の政治活動

目　次

まえがき

２０１６年夏の参院選は、憲法改悪を狙う安倍政権と、それを阻もうとする市民共同の大激突となった。全国で32ある1人区では、全てで「野党共闘」という前例を見ない取り組みが実現した。そして、言うまでもなく、この参議院選挙は、18歳選挙権の実現を受けて、日本の憲政史上初めて、18歳・19歳に選挙権が与えられた選挙であり、その意味においても歴史的な選挙だったのである。

参院選は、自民党が単独過半数を獲得、与党公明党や、改憲を掲げる野党を合わせた議席数は、非改選議席と合わせて、衆参両院で3分の2を獲得するに至った。いよいよもって、日本国憲法の掲げる平和主義・基本的人権の尊重・主権在民が守られるのか、それとも壊されるのかが問われ、また試される情勢となっている。改憲がいよいよ現実の政治課題として登場することとなっているのだ。

しかし、そのような国政選挙であったにも関わらず、投票率は依然として高くはならなかった。全体では54・7％、注目された18歳・19歳の投票率は45・45％と報じられている。「投票しない」という投票行動も含めれば、この選挙結果をもってしても、自公与党が支持されたという結果にはならないであろう。まして、福島や沖縄などの1人区では現職閣僚が、野党共闘候補に敗北。

全体でも32の1人区は与党の21勝11敗と、与党の数こそ上回ったものの、野党は共闘効果を見せつけた。

私たちは、このような情勢の下で、次の日本を、世界を展望していくことになる。諸外国においても、アメリカ大統領選挙における排外主義の台頭や、イギリスのEU離脱など、激動の時代を迎えている。これからの社会をどのように築くか、それが「自分ごと」になりつつある。

18歳選挙権導入を決めた2015年第189通常国会以降、「18歳」と冠した公職選挙法の解説や政治についての書籍が多く見受けられるようになった。新聞各紙も同様に、18歳をテーマにした特集や記事を多く組んだ。一方、高校生による学外での政治活動「届け出制」や、自民党による教育公務員特例法改悪論議など、高校生による政治活動や実践的な政治教育を敵視する議論も噴出し、大激論となっている。

筆者は既に、2015年10月、それまで有効とされていた、高校生の校内外での政治活動を禁じた1969年「69通達」(注1)について多面的に展開した『問う! 高校生の政治活動禁止』を刊行。文部科学省による、「新通知」発出に先立つ公選法改正審議などでの同省の姿勢を批判してきた。にも関わらず、改めて書籍を発行しようと考えたのは、前著出版後の文科省・教育委員会の動向があまりにも無茶苦茶だったことにある。18歳選挙権が実現し、いわゆる主権者教育、政治的教養の教育の必要性が高まるにも関わらず、実際の動きは、「69通達」を46年ぶりに、しかも強化する形で復権させる方向に進んだ。促進すべき高校生の政治参加は、禁止・規制の対象となり、

「届け出」が求められるようになったのである。そこには、「思想信条の自由」も「集会・結社・表現の自由」もなかった。

率直に申し上げれば、頻出した暴論に、「自分が間違っているのか」と自問したこともある。しかし、日本国憲法、子どもの権利条約、教育基本法といった法の規定を想起するまでもなく、そもそも「子ども」とは、「高校生」とはどういう存在であるのかを考えたとき、答えは自ずと明らかになる。高校生は、近い将来有権者となるべく成長し発達する主体なのだ。本書の中で、菅間正道氏は現在の状況を「投票はせよ、されど政治活動はするな」と表現する。総務省や文科省は完全にこのスタンスに立っている。もし投票用紙に候補者名等を記入して投票箱に入れるだけの行為を促しているのなら、何も18歳選挙権などと大喜びすることもない。小学校入学前の子どもたちにだってできるはずだ。

問われているのは、高校生にいかに現実の政治を理解させ、自らの意思決定をさせていくかにある。それは選挙での投票行動に留まらない。署名、デモ、集会などを通じて「政治参加」の道を大胆に広げていくことこそ肝要だ。なぜなら、それら経験と知識の集積を通じてこそ、自らが主権者として、有権者として、政治に関わる姿勢が培われていくからだ。子どもの権利条約が認めている権利の本質は「成長し、発達する権利」であるということをもう一度強調しておきたい。

国連子どもの権利委員会は、「子どもと青少年の市民的権利および自由は、健康・発達に対する青少年の権利を保障するうえで基本的な重要性を有するものである」と述べている。(注2) これは、前述の「69通達」や、本文で触れる「新通知」のような規制ではなく、子どもの政治的表現の自由、集会・結社の自由の行使こそが教育基本法第14条1項のいう「良識ある公民として必要な政治的教養」を身につけることにつながるということだ。つまり、子どもの権利条約における市民的自由とは、子どもであるがゆえに要請される学習権・成長発達権であると言えるのである。

本書では、18歳・19歳の「新・有権者」としてアイドルグループ「制服向上委員会」の野見山杏里さんに寄稿頂いたのを皮切りに、弁護士、学校教員、憲法学者の方から議論を深めて頂き、昨今の文科省などの動向について拙稿でまとめている。高校生の政治活動に対する敵視とも言える禁止・制限・規制が、18歳選挙権が認められた今、本当にあるべき姿なのか。

昨夏、戦争法とも称される安保法制反対の闘いの中で、高校生・大学生や若い労働者は、採決を強行した国会に向かって「民主主義って何だ！」の声を叩きつけた。筆者は、その答えを永田町からも霞ヶ関からも見出せずにいる。有権者として、公民として育たねばならない高校生が自ら声を上げようとすることを禁圧しておきながら、何が民主主義なんだろう。どこが主権在民なのだろう。筆者は、前掲著書あとがきの中で、政治に関する学校教育の現状を「両手両足を縛りつけておきながら行われる暗記教育」だと批判した。今、多くの学校現場で始められようとする主権者教育もまた、身体を縛り、耳も口もふさいだ上での「暗記教育」になるのではないかと懸念してしまう。

高校生だって学んでいいんだ。興味を持っていいんだ。その中で、自らの考えを持ち、それを他者に伝えていく権利が高校生にはある。本書が、高校生が声を上げ、市民・公民として育ち、有権者となっていく、そのような社会へつながる一つのきっかけとなれば幸いである。

注1：1969年10月31日、文部省初等中等教育局長通知「高等学校における政治的教養と政治的活動について」

注2：国連子どもの権利委員会「一般的意見第4号（2003年）思春期の健康・発達」

2016年10月1日

久保友仁

第1章　18歳からの選挙と私

野見山　杏里

社会派アイドル「制服向上委員会」（右から２人目が筆者、2016年９月３日、柏崎市）

何故、政治活動が禁止されなければいけないの？

皆さん初めまして。制服向上委員会の野見山杏里と申します。大学1年の18歳です。

私は「高校生の政治活動の禁止」というものを制服向上委員会の活動をしていく中で知りました。そしてそれを知った時、何故、禁止されなければいけないの？　と、とても疑問に思いました。選挙権がないから政治的活動は望んでいない、禁止です。選挙権、参政権がなければおかしいと感じたことを発信してはいけないって不思議で仕方がなかったです。まるで、「関係ないことなんだから口出しするな。」そう言われているみたいです。関係ない、などということはありえないのに、と思います。

また、私はこの政治活動の禁止が、今言われている若者の政治離れに繋がっているのでは？と感じました。皆さん考えてみてほしいです、高校生時代は楽しいことが多くある時期。政治について考えても行動することが禁止されている、それなのに政治について考え知識を得ようとするでしょうか？　私は、なかなか難しいことだと思います。

そしてそのまま大学でも楽しい方に楽しい方にと流れていくうちに、政治などに興味関心のない人ができるのではないでしょうか。私自身、制服向上委員会に入っていなければ、日頃のニュースは見ていてもここまでデモや集会に参加する等といった行動はできなかったかもしれません。

原発、そして安保法制について

次に私が政治について考えている原発問題、安保法について書いていきたいと思います。まず原発問題ですが、福島で地震が起きたとき、私はまだ中学1年生でした。あの時はかなり怖かった記憶が今もしっかりとあります。

そして起きた津波と原発事故。当時の私はまだ詳しいことは知らず「地震も津波も自然の起こしたものだけど原発って人の造った物なんだよね？ それが一番害を出してるってなんか酷いな。」と感じていました。原発事故がなければ（言い方はおかしいかもしれないですが）、県外に未だに多くの人が避難していなければいけないなどということはなかったです。大切な故郷に戻れないなんてことだってなかったかもしれません。自殺してしまった方もいました。こんな一部を見ただけでもどれだけのものが失われたかわからないですよね。

中学1年の終わり頃に起きたことがいまだに多くの傷を深く残している。そして何も解決していないままに熊本での地震が起きました。原子炉の処理だって全然進んでいませんよね。そこに住んでいない私がこんなことを書いていいのかわからないけれど、もっと政府の人には問題の重大さを理解したらどうなんだ、と言いたいです。確かに私たちの今の生活には電気が必要不可欠ですが、それは危険なものを動かしてまで必要なものなのですか？ 自然の力はそう簡単に人間がはかりきれるものなのか今一度考えてほしいです。熊本で起きた地震、震度7が2度起きました。もしこれが原発のすぐ近くが震源だったら、それでも大丈夫だったのでしょうか？

私は純粋に気になります。地震がきたら火を止める、常識ですよね。それは何故でしょうか？危険だからに他なりません。それと同じように原発だって事故が起きる可能性のある危険なものなのですから、せめて地震が落ち着くまでは停止しておくべきものだと私は思います。現実には起こらなかったですが、それはたまたま場所が違っただけだと思います。

平和憲法を守らない安保法

そして2015年、多くの人が行動を起こした安保法についてですが、まず賛成反対は別にして憲法に違反していると多くの学者さんがおっしゃっていましたよね。これは変えようのない事実です。私はそのことも踏まえて廃止するべきだと思います。

ただ、一つ言いたいのはこの問題以外にもすべての問題には必ず賛成と反対が生まれますし、そのことは当たり前、ということです。そのうえで私は違憲といわれている、そして武力行使が可能となるこの法律には反対しています。人によっては違憲でなければいいという意見の方もいるかもしれません。このままの憲法ではそういった観点から見ても明らかに駄目だと私も思います。故に本来まずは憲法の改正をするのかしないのか、きちんと国民の意見を聞き、改正することになったなら改正をしたうえで、安保法は制定するべきだったと思います。前提としてプロセスが間違っていると思うんです。勿論それを抜きにしても反対ですが……。

私の反対している理由の中には、もしかしたら早ければ自分と同い年、同年代から人を殺す、ということをするかもしれないからというのもあります。そんなことはないでしょ、と私の父は言いますが、絶対にないかはわからないですよね。それがとても不安です。もし戦地に行って人を自分が生きるためとはいえ殺したらその人の人格はきっと壊れてしまいます。それにそのことが普通になるなんて私は考えたくありません。人を国内で殺したら殺人でニュースになるのに、戦争で死んでしまった人、殺した人はニュースにならない。もしもそのようなことになったら戦争に行かなくても自分たちの何か大切な部分が壊れる、そんな気がします。

だから安保法にも反対だし、世界から戦争などというものが消えればいいと考えています。世の中には、現実見なよとか、理想論ばっかり、そう思う人もいると思いますが、理想を追い求めるのは普通のことだと思います。理想を追い求めなければ叶うものも叶わないし、ずっと現状から変わらないか悪くなるだけではないでしょうか？　そんなこと私は嫌なのでこれからも声を上げていきたいと思っています。

18歳選挙権に懸念すること

さて、ここからは私がちょうど当事者となる18歳からの選挙権について書いていきたいと思います。これをお読みになられている皆様がどうお考えになるは私にはわかりませんが、私自身はこの18歳選挙権はとても嬉しいです。自分の思いを1票という形で投票できるのはやはり脱原発、9条守ろうと声を上げているだけとは大きく異なると思います。しかし、そういった面から賛成ではあるものの、不安な点もいくつか存在します。

・何となくで投票してしまう

・わからないと言って選挙に行かない

などです。細かく書くと更に多くなってしまいますが……。政治について関心のない同年代の人が多い中、ただ選挙権が18歳からに下げられてもわからないという人が多くなるのは当然のことだと思います。それなのに選挙へ行きましょう、と言われても困ってしまう人だって出てきますよね。

そういう人達が、「この人知ってるし投票しちゃおう！」とか「この人有名人だし、友達もこの人にするって言ってたからこの人にしよう！」と決めてしまうことがないかということが心配です。そしてそれ以前に選挙とか難しいことは知らない、と言って選挙に行かない人が多く出てしまわないかという不安もあります。正直、今まで全然興味もなかったり知らなかったのに「行かないとダメ」などと言われても困ると思う人がいてもおかしくないと思います。

しかし、その興味のないままではやっぱりいけないのではないでしょうか？　それでは引き下げた意味もなくなってしまうように感じます。今回の18歳選挙権をきっかけに、できるだけ多くの同年代の人に政治について、選挙について興味を持ってもらいたいです。確かにそんなことを考えずに遊んだりしている方がよっぽど楽しいとは思います。私だって遊びたい、好きなことしかしたくないと思うこともあります。ただ、そんな日常の中に当たり前ですが政治は関わってきます。ですから何も知らないままというのはよくないと思うのです。どんな形でもいいから何か一つ自分の意見を持つ、そしてきちんと選挙に行くということが大切なのでは、と思います。

そしてこれは私からのお願いなのですが、身の回りにお子さんがいたり、お孫さんがいたりされる方は是非少しずつでもいいから、日常会話にニュースのことや政治に関係するお話をしてあげてほしいです。私も今18歳ですが、自分達だけではどうにも知ることが難しいことってあるのです。だからきっかけ作りをしてほしい、そう思います。学校の先生だってそうです。子どもに意見を持つように、自分の考えをちゃんと持つように、と話すのであれば、難しいのかもしれないけれど、先生自身も、考えの一つとして、という形ででも意見が言えるようになればいいのに、と思います。

学校の先生が意見を言わないのに、生徒に意見を持つようにと言われても困ってしまいます。家でも学校でも自然とそういった話題に興味を持てる環境づくりができれば自然と知ろうとする人も増えると思うんです。

自粛招く政治活動への規制

また、それに伴って高校生の政治活動が規制されていく動き、私には本当に理解ができなくて……。もうすでに私は大学生になってしまっているのですが、規制なんてされてしまえば、政治活動って悪いことなのかな、やらないほうがいいのかな、と思ってしまう人が出てくるのではないでしょうか？

そういった点から私は規制には反対です。大切なことは規制をかけることではなく、どう正しく自分の意見を持つか、だと思います。規制というのはそれだけで（学校や親、周りに何か言われてもいないのに）自身の行動の幅を狭めてしまうと思います。無言の圧力のように感じてしまい、デモや集会に参加しようと思っていたけどやめてしまうなど、起こりうることだと私は考えています。都道府県や学校によっては届け出をしないといけないなんておかしいです。その届け出は何のためのものなのでしょう。私だったら、もしかして先生達に悪い印象をもたれるのかな、面談の時に何か言われたら嫌だな、と考えてしまいます。

選挙権が与えられる年齢が引き下げられたというのにそんな不安になる要素を取り入れれば、本来かける必要のないブレーキを自身でかけ、意見はあるのに何も言えないといった状態が生まれてしまうのではないでしょうか？　学生の本分が勉強なのは勿論ですが、私は沢山の人と関わって多くの考えを知ったり自分で考えて行動して意見を発信するための準備期間でもありそれも大切なことの一つに思えます。そんな時期に行動を狭めてしまうようなことをしないでほしいです。

普通の女の子として声を上げる

話は変わりますが、私が制服向上委員会に出会ったのは福島から埼玉の旧騎西高校に避難されている方のもとへボランティアとして参加したときです。そして、その後メンバーとして活動をしています。何故参加を決めたのかですが、私の家では毎日朝と夜はニュースを見る時間が自然とあります。親にこの問題どう思う？　といった話もしたりしていて、社会問題にもともと少しは関心があったんです。関心、というよりもただ日常にそういった話題をふれる相手と環境があった、というだけかもしれません。

そんな中出会った制服向上委員会は、社会問題についても活動していると知り、参加を決めました。私はこの活動を通して生まれて初めて集会やデモに参加しました。私はそれまでパレードやデモ行進をしているところを一度も見たことがなかったので、最初は少し驚いた記憶があります。同年代の人がいない、でも私が知らなかっただけで多くの人が声を上げている、という状態どちらにもです。

ただこういったことに関心があるからといって誤解されることもなくはないのですが、私もメンバーも普通の女の子です。現在私は大学で服飾の勉強をしていて、政治とか社会問題とはあまり関係のない分野を学んでいます。好きなことも、絵を描いたりハンドメイド作品を作る、歌ったり運動をする、そんなことばかりです。講義中は負けないように少し睡魔と戦って……提出物に悩んだり。課題も何もない休日ならゆっくり眠るか友人と遊びたいですし、同世代の方と何も変わらないと思います。

家の本棚には文庫本、コミック、お菓子の本が普通に並んでいますし。逆に社会問題について活動をしている、その他に何処に違う点があるのか探す方が大変だと思います。そして私はそういった問題に興味があったから調べたりおかしいと思ったことについて声を上げているだけです。皆さんだって興味関心のあることがあれば本を読んで調べたり知ろうとしますよね？ それと同じなんです。だから政治活動をしているから普通じゃない、そんなふうには思ってほしくないです。普通に女の子として楽しみたいこともやって、おかしいと感じたことに声を上げている。それだけなんです。

学校の授業、先生方、そして友人たちと

さて、私は既に卒業をしてしまいましたが高校生のとき、学校の授業では、ある先生の授業で18歳選挙権についてどう思うか書いたりする機会がありました。ただ、それ以外には授業ではそ

れほど取り扱われた記憶がありません。なので学校の授業、という点では満足はしていなかったのかもしれません。もっとディスカッション等ができる空間があればよかったのかもしれない、そう今は思います。

少し曖昧な書き方になってしまいましたね。どうしてこんな書き方になってしまったかというと学校の友人にそういった社会問題についてとか、ニュースについて話ができる、意見を言い合える人が何人かいたからなのです。毎日ではありませんが普段の生活の中にさらっと話せる友人がいたからあまり授業などで取り扱われなくても気にならなかったように感じます。そういう意味では私の高校生活はいいものだったように思います。制服向上委員会に入っていると先生方に知られても反対もされず、やめるようにも言われませんでしたし、応援してくださる先生もいました。特に対応が変わったといったこともありませんでしたし……。

ただ、友人には最初は黙っていたんです。活動を始めた当初はもし友人が自分と話してくれなくなったら、と思うと言い出せなくて。そんなとき少し問題が起きてしまって。高校の色んな人に広まってしまったのです。次の日は本当に怖くて仕方がなかったです。自分で打ち明けたわけでもなかったので不安ばかりが先走ってしまっていました。しかし言ってみれば多くの人は今まで通りでしたし、悩みや少し不安なことなどを聞いてくれる友人もいました。私と逆の考えの友人もいましたが修学旅行で一緒のグループを組んだり、仲の良いままでしたし、お互い思ってることを話したりもしました。少なくともそういった活動をしていることについて悪く言ってきたり止めたら？　という人がいない環境でした。私は学校の教育のあり方も変えていかなければと思いますが、それよりももしかしたら何気ない日常の会話に日頃のニュースや社会で起きている問題が自然と加わることの方が大切なのでは、と思います。学校の雰囲気や取り巻く空気、まずそこから変えていくことができれば私は一番理想なのではないかと思っています。

どうしてかと言いますと、皆、嫌で興味がない中、授業で扱ったりディスカッションをしても身にならないと思うんです（実際興味のない分野や内容って、話を聞いてても課題として出されたものをやっても中々記憶に残らないですよね。）。授業で扱うことも勿論必要だとは思いますが、もっと根本的ところ、自分達の意識や周囲の環境から変えていけるように中学校、高校にはこれから変わっていってほしいと思います。

子どものくせにと否定しないで

そして先ほど書きましたが、学校以外にも、お子さんのいらっしゃる方やお孫さんのいる方。大人の方々に対して18歳の私が思っていることですが、もっと私達のことを信じてほしいです。制服向上委員会に入ってからＳＮＳ等で見かける、「子どものくせに」という意見。その通り私もまだ子どもです。

ですが、だからといって意見を持っていけないわけではないですし、きちんと知ること、考えて自分の思ったことをそんな理由で拒否、無視しないでほしいです。当然生きている年数が短いから見てきた世界の広さは大人の方に比べれば狭いでしょう。しかし、それでも自分で知ろうと調べたりニュースを見て、自分なりの考えを持っています。きちんとした理由でその意見に対しての反対などをされるのはいいですが、それを子どものくせになどといった言葉で否定はされたくないです。そしてどんな問題にしても小さい子に対して「何も知らないくせに」、「子どもなんだから知らなくていい」、これに似たような言葉は絶対に言ってほしくないです。

それは何故かというと特に子どもの頃って大人から言われたことが自分の世界の全て、と言いますか絶対的な権力を持っていると思うんです。だからそう言われてしまえば言ってはいけない、気にしなくていいんだ、と思ってしまう子も出てくると思います。そして否定ばかりされれば社会問題以外でも、発言したり、考えることをあまりしなくなってしまう可能性も出てきます。ですから、何か疑問を問い掛けられればできるだけ聞いてあげてほしいですし一緒に話してほしいです。

そして私達の世代の人が周りにいる方にもできるだけ一緒に話す機会を作ってほしいです。そういった時間が少しあるだけでかなり変わると思います。また、皆さんの職場にいらっしゃる方々はどうでしょうか。皆さん全員社会問題や政治について関心をお持ちですか？　私は私達の世代だけではなく、大人の方々で興味関心のない方にも関心を持ってもらえるような取り組みをしていただきたいです。多くの大人の方がそうして興味を抱けばその子どもにもニュースを見る時間が増えたり、話ができる環境になると思うからです。

私の父と母

さて、色々なことについて思っていることを書いてきましたが、私は学校の先生に反対をされたことがありません。勿論私と違う考えの先生も多くいたでしょうが何も言ってきませんでした。直接聞いたことはないですが、やはり一個人の意見として見られていたのかなと思います。学校が個人の考えを否定する、抑圧するなんていうことあってはならないですしね。私の家族でも父は私と逆の考えの持ち主です。原発あってもいいんじゃない？　とか、安保法あった方がいいでしょという人です。こういう活動をしていると両親が……と思う方もいるのかもしれませんが、少なくとも父は逆の考えを持っています。母は私と似た考えを持ってはいますが内容によっては若干意見が違ったりします。

しかし、私の活動に反対なんてされたことはないし、ましてや辞めなさい、なんてこと一度も言われたことがありません。これを書くにあたり母に聞いてみたら「入ったのが高校生だったからもう自分の意見に責任持てるならいいと思ったし、考えは人それぞれなんだから否定したり辞めさせるのはなんか違うでしょ」とのことでした。我が家は放任主義な家庭で比較的なんでも自分で自由にできます。その分自分で決めたことはやりきらなくてはいけないのですが……。父も時折意見の違いで言い合ったりしますが辞めなさい、なんて言ってきたことはないです。

デモ・集会も変わらなくては

因みにこの活動を始めて、私はデモや集会に初めて参加しました。思うのは高齢者の方がとても多いことです。同年代が少ない、活動をはじめた頃なんかは本当に驚きました。怖いと思ったことはないですが何度か驚く経験もしました。デモ行進をしているときに反対の考えを持った方の車が反対車線から突っ込んできそうになったりしたときは流石に驚きました。

言葉というものがあるのにどうして強行的な手段をとってきたり、お互い喧嘩腰で、綺麗でない言葉でもってけなしあうんだろう、と思います。勿論理解しあう、なんて難しいかもしれません。しかしお互いの言い分を全く無視してただその人本人をけなしたりするのは全くもって無意味だなぁと思います。そして去年の夏頃からはT-nsSOWLやSEALDsの方がデモをするようになって若い人の参加も少しずつですが増えているように感じます。各地の集会に参加したときにも何人か同い年くらいの人がいたりするようになりました。それはとても嬉しいことですが、それでもまだ全然少ない人数に感じるのでこれからの課題の一つだと思います。

デモのあり方も、これから多くの人に参加してもらう、という観点から見ると変わっていかなくてはいけないのかもしれません。内気な女の子が参加する、渋谷や原宿を歩く多くの女の子に興味を持ってもらえる機会になるようなものにする、そのために何が必要なのか私達は考えて行動をしていくべきなのではないでしょうか。内側だけで結束するのではなく外にいる人を巻き込む、興味を抱かせる集会等に変えていけるようにしていかないといけないと感じます。

意見を持って伝えられるのはいいことだ

そして皆さんの中にはニュースでもしかしたら見た方がいらっしゃるかもしれませんが、2015年6月13日に神奈川県大和市で行ったステージで市が後援を取り消すということがありました。私達はいつもどおりのステージを行っただけです。なのでいきなりニュースになって正直とても驚きました。

そして「後援のルールに反している」と言ってこられた自民党の市議さんは自民党の応援をしていたとしても同じことを言ったのでしょうか？　自分の党のことなどを批判していたから言ったのかは定かではありませんが、もしそうであれば大変大人気ないと思います。大切なことは私達一人ひとりが意見を持っていることです。そしてそれは本来規制されるべきものではないのではないでしょうか？　様々な考えの方がいることが大切で何かを強要したいわけではないです。ですからただ普通にステージをしただけなんだけどな、というのが一番感じたことです。ルールを守っていなかったのであればこちらにも非があると思いますが、それにしてもイベント後に後援を取り消したりするのはどうなのかなと疑問を感じました。しかしその一件もありTwitterのフォロワーさんが急激に増えたり認知度が上がったということもあったので今ではそんなこともあって結果オーライだったのかな、と思います。

しかし応援してくださる方もいる一方、やはり心ない批判を受けることもあります。きちんとした理由をもって私達の活動に意見をしてくださるのは気にしません。何度も書いているように様々な意見があることが当たり前で、それはいいことだと思っています。ですが大人の方へのお願いとして書いてもいますが、子どものくせに、やらされている、「キチガイ」など私達が発信しているメッセージと無関係な批判などを多く受けたり、ネット上で色々と書かれると「なんか悪いことしてるのかな」と考えてしまうこともあります。普段は気にしていませんが、ふとしたときに私のしていることって世の中から見たときにどう映るのだろうと考えてしまいます。決して悪いことをしていると本気では思いはしません。

ですが疑問を抱いてしまう瞬間が少なからず存在するんです。そういうときは一つ一つに対して自分なりの答えを考えます。私は私達に向けて言葉を向けてこられた方に言いたいです。子どもだから意見を持つ必要がない、それは大人の人の勝手な言い分です。そんなことを言っていればいつ子どもは意見を持って大人になるのでしょう。急に意見を持ちなさいなんて無理です。

やらされている、何故それがわかるのでしょうか？　こんなにもメッセージ性の強い曲、自分の気持ちがその歌詞と同じでないと歌いませんし、第一、制服向上委員会にも入りません。自分とは違う考えのものは全くその内容に関係ない言葉で否定する、攻撃する。そんな方がいることが悲しいことだと思います。

そしてやはり政治活動の届け出制により、「投票しなさい。でも政治のことについてそんな活動はしなくていい」、そう暗に言われているように感じます。政治活動が悪いこと、自分の意見を言うことが悪いことのように思えてしまう人も出てきてしまうと思います。私はそんなことないよ、と言いたいです。政治活動だって意見を持つのだって何もおかしくない、むしろ意見を持って考えていることを伝えることができるのはいいことだと中学生、高校生の人に伝えたいと思います。

一人として自分にできるところから行動を

さて、ここまで色々なことに触れて私の考えを書いてきましたが、これからは私達の世代が自分の考えや意見をきちんと持って行動していく必要がいままで以上にあると思います。大人の方にもいるかもしれませんがきっと誰かがやってくれる、などと他人任せにしていては変えていけるものも変わっていきません。

今、これから大切になっていくのはどれだけ興味関心の輪を広めていけるか、環境作りができるか、ということだと本当に強く思います。そしてそれは私達の世代だけではなく多くの私達の周りにいる大人の方々の皆さんも一緒にゆっくり作っていくものです。一人ではとても小さな声かもしれませんが、たくさんの一人が集まれば大きな声になります、私も声を上げてる一人として自分にできるところから少しでも行動をしていきたいと思っています。

そしてこれからも日本がおかしいと思ったこと、間違っているんじゃないかと感じたことを声に出して行動できる国であってほしいと願っています。

第２章　高校生の政治活動禁止をめぐる現状

久保　友仁

高校生団体ティーンズ・ソウルのデモ（2016年2月、東京）

1、変わらなかった文科省

前著『問う！　高校生の政治活動禁止』の「予言」

２０１５年、第１８９通常国会で、公職選挙法が衆参とも全会一致で可決・改正され、18歳選挙権が認められることとなった。この過程で、文部科学省は、学校内外における高校生の政治活動を禁じた文部省の１９６９年通達「高等学校における政治的教養と政治的活動について」（以下、「69通達」という）の「見直し」に言及した。筆者は、前著『問う！　高校生の政治活動禁止―18歳選挙権が認められた今』（２０１５年10月、社会批評社）において、まず、以下のように疑問を示す。

「本当に通達は見直されるのか。それは『見直し』と言えるものなのか」（同書8ページ、まえがき）

そして筆者は、公選法改正の国会審議をふまえて、次のごとく結論づける。

「『69通達』の書き直しであって、見直しではない。文科省の答弁からも明らかなのである」（同書１８５ページ、第4章　18歳選挙権と「69通達」）。

その理解に立った上で筆者は、安全保障法制＝戦争法に反対して立ち上がった高校生や、脱原発・沖縄基地問題・憲法９条など多彩な社会問題に声を上げ続ける社会派アイドル「制服向上委員会」の実践をふまえて、同書をこう締めくくった。

「文科省が高校生を無権利状態に置こうとする新通達など、一笑に付されれば十分だ。受験を前にして、あるいはバイト代をはたいて、それでも声を上げようとする高校生を前に、そんな『紙切れ』は無力でしかないからだ。求められているのは、もはや『69通達』の見直しではない。粉砕あるのみだ！」と（同書２０３ページ、あとがき）。

結論から言えば、文科省は変わらなかった。後述する新通知は、やはり高校生の権利を奪うものであったし、それを「見直し」と豪語する文科省の姿勢は、やはり一笑に付されるべきものだ。しかし、「一笑に付されれば十分」と言い切った筆者の認識は、「十分」でなかったと考える。文科省は、新通知という形の「紙切れ」で、それこそ46年ぶりに政治活動弾圧を復権させ、高校生の声を奪うことに躍起になった。形骸化した過去の文書であった、とも言える「69通達」を書き直すことで、活力みなぎる姿に生き返らせてしまったのである！　笑って済ませられる段階を逸脱してしまったのだ。

「69通達」の歴史や、公選法の国会審議などは前著をご高覧賜りたく、本書においては、その後の動向を見据え、改めて「高校生の政治活動禁止」を問うていきたい。

政治活動「容認」と報じられたが……

「高校生の政治活動容認」（２０１５年10月６日、日本経済新聞）

文科省が２０１５年10月５日に開いた「ヒアリング」で新通知案が公表されたことを受けて、翌日の新聞各紙は一斉に「容認」「解禁」と報じた。各紙の論調は、概ね次のようなものであったと言える。まず、46年ぶりに「69通達」を見直し、校外でのデモ・集会への参加を容認した。校内では引き続き制限・禁止。しかし、校内外いずれも制限・禁止の基準があいまいで、関係者は「基準」「具体例」を求める。こういったものだ。

しかし、筆者は、この時点において「容認」「解禁」として受けとめることには無理があると考えた。というのも、学校内の活動については放課後や休日であっても「制限または禁止」として、「69通達」の立場を踏襲した。学校外においても、たしかに「家庭の理解の下、生徒が判断」とされたが、条件がいくつも付けられたのだ。10月６日付しんぶん赤旗は、「高校生の政治的活動　禁止・制限を強調」と題して、次のように報じている。

「新通知では、高校生の政治的活動にかんして、『生徒が国家・社会の形成に主体的に参画していくことがよりいっそう期待される』とした上で、『無制限に認められるものではなく、必要かつ合理的な範囲内で制約を受ける』としました。

学校外で行う政治的活動について、違法・暴力的なものになる『おそれが高い』場合は『制限または禁止』。『学業や生活に支障がある』『生徒間に政治的対立が生じる』など学校教育に支障がある場合は『禁止も含め指導する』としています。」

これは、とても解禁でも容認でもないだろう。もとより、学校外の活動を高校・学校が権力的に規制し、文科省がそれを指示するというのがおかしな話なのだ。そもそも、高校生は「69通達」が生き続けた46年間、それを乗り越えて原水爆禁止やイラク反戦、反原発など、絶えず社会に声を上げ続けてきた。「校外容認」、しかも条件つき、というのは、せいぜいのところ現状追認に過ぎない。高校生運動がかちとった地平ではあるが、何も文部科学省が胸を張って見解を改めたなどと言えることではないのである。通知そのものへの批判は後述したい。

ＰＴＡはヒアリングで通知を批判する

10月５日に行われたヒアリングにおいては、４団体が意見書を提出している。(注１)全国都道府県教育長協議会、全国高等学校長協会、日本私立中学高等学校連合会、全国高等学校ＰＴＡ連合会である。

全国都道府県教育長協議会は、「適法に行われる学校外での選挙運動や政治的活動を尊重することが必要と考えられる。」等とした上で、「具体的な事例を」と強調している。

全国高等学校長協会は、「69通達」堅持の立場である。「特に学校内で、……これまでの見解を堅持願いたい。」とした上で、「今回の法改正を受けて、学校外においては、合法的に行われる穏健な政治的活動については尊重する余地はあるが、一方で、高校生は国家及び社会の形成者として必要な資質を育む段階にあり、一党一派に偏した政治的活動に巻き込まれている場合や、政治的活動に熱中するあまり学校生活に支障が出ている場合は、高等学校教育の本質に照らして合理的に必要な範囲で学校として必要な指導を行っていくことは当然」とする。

日本私立中学高等学校連合会も、高校生の政治的活動について否定的だ。18歳以上であっても「政治的活動は、学校の内外を問わず、原則としては望ましくない。」との立場を表明している。

これら見解とは全く立場を異にしているのが全国高等学校ＰＴＡ連合会である。まず、基本認識として、次のように言う。

「通達以降、主権者教育は後退の一途をたどった。行政も学校・教員も政治的中立性を意識するあまり、学校における政治的教養の陶冶という優先的課題を事実上封印してしまった。つまり、主権者教育の責任は政治経済・現代社会、公民など一部の教科・科目の役割に矮小化され、……この結果、日本国民の多くは現在まで半世紀近くにわたって、政治的教養の基礎となる一部の限定的な知識を習得するだけで有権者となってきたのであり、いわば政治的教養の貧困な有権者が大量に生み出されてきたのである。この歴史こそが『民主主義の危機』と喧伝される今日の状況をもたらした主因ではないだろうか。」

そして、国会の議論の中でよく聞かれた、「有権者と非有権者の混在」について、ＰＴＡ連合会は次のように指摘する。

「教育の連続性や基本的人権の普遍性に照らせば、選挙権以外の政治的権利は高校生すべてに一律保障すべきであると考える。同時に高校生と大人との間にも権利上の差別があってはならない。高校生だからという理由で高校生の政治的権利・政治活動を制限することは論理的根拠を持たないであろう。選挙権が付与された時点で、私たち大人は高校生を同格の政治的仲間として迎えたのであり、彼らを『未熟な若者』として見下したり、保護と引き換えに権利を抑制したりすることは許されない。」

18歳選挙権の導入を受けて、「政治的権利・政治活動を制限することは論理的根拠を持たない」としたこの見解は画期的だ。「69通達」、そしてそれを踏襲する新通知をＰＴＡ連合会は厳しく批判し、以下のように提言するのである。

「本通達（「69通達」、筆者注）を即時廃止するとともに、今回の選挙法改正を踏まえた新たな指針を策定すべきである。」

文部科学省は新通知を発出

10月29日、文部科学省は初等中等教育局長通知「高等学校等における政治的教養の教育と高等学校等の生徒による政治的活動等について」を出した（以下、「新通知」という）。通知全文は資料を参照願いたい。

基本的なポイントは、「校内」「校外」での政治活動の区別である。まず大前提として、高校生の政治活動についての記述の冒頭、「高等学校等の生徒による政治的活動等は、無制限に認められるものではなく、必要かつ合理的な範囲内で制約を受ける」と強調した。この文科省の見解を、毎日新聞は11月1日付社説で「新通知で規制に走るな」と題して批判、「前提を強調した姿勢に疑問が残る。」と論じている。(注2)

「新通知」は、校内での活動について、まず授業・生徒会活動・部活動などとして行われるものは禁止とした。放課後や休日であっても校内では「制限または禁止」としている。いずれも、学校教育の政治的中立を定めた教育基本法第14条2項を根拠としている。同法の政治教育に関する規定が、政治的教養の重要性を規定して、その担保として偏向教育を禁じているに過ぎないとの教育法学者の主張は前著でも紹介したところである。政治的教養の必要性を訴える同法の規定を根拠に、高校生の自主的な政治的活動を禁止するというのは、行政による曲解という他はないであろう。

そして、校外における生徒の政治活動についてである。たしかに「新通知」は、一番最後の項で「放課後や休日等に学校の構外で行われる選挙運動や政治的活動は、家庭の理解の下、生徒が判断し、行うもの」と規定した。「69通達」を改めた部分ではある。しかし、「新通知」の先立つ部分において、次のように規定されていることを十分にふまえなければならない。

「放課後や休日等に学校の構外で生徒が行う選挙運動や政治的活動については、違法なもの、暴力的なもの、違法若しくは暴力的な政治的活動等になるおそれが高いものと認められる場合には、高等学校等は、これを制限又は禁止することが必要であること。また、生徒が政治的活動等に熱中する余り、学業や生活などに支障があると認められる場合、他の生徒の学業や生活などに支障があると認められる場合、又は生徒間における政治的対立が生じるなどして学校教育の円滑な実施に支障があると認められる場合には、高等学校等は、生徒の政治的活動等について、これによる当該生徒や他の生徒の学業等への支障の状況に応じ、必要かつ合理的な範囲内で制限又は禁止することを含め、適切に指導を行うことが求められること。」

たとえば、安倍政権下の安保法制強行採決の局面を例にあげて、朝日新聞は懸念を示す。（注3）「反対デモで逮捕者が出たことを、教員が問題視すれば、行かないよう指導する可能性もある。」同紙は、11月1日の社説を「高校生と政治　べからず集は逆効果だ」として打ち出し、その中で次のような例を挙げる。（注4）「生徒会が『平和宣言』を出したり、新聞部が原発政策の記事を書いたりすると、校長から待ったがかかる可能性もある。」

明らかに行き過ぎなのだ。学校教育の政治的中立や、平穏な教育環境の秩序、という問題ではない。日本共産党の機関紙しんぶん赤旗は、「新通知」に先立つ10月11日付「高校生の政治活動　憲法が保障した自由を奪うな」とする「主張」の中で、次のように例示する。（注5）

「校内で署名を集めたり、教室で放課後に政治に関わる話をしたりすることも規制の対象です。生徒会が平和や人権について討論したり、決議をあげたりすることも認められない可能性があります。部活動や文化祭で社会的問題について学習し発表することや戦争に反対する歌を合唱することまで中止させられるおそれがあります。」

これでは「見直し」「解禁」「容認」ではないではないか！　筆者は前著で、書き直しによる再規制であると批判してきたが、再規制と言うよりも新規制と言った方が正確かもしれない。前掲の朝日新聞記事の中で、猪野亨弁護士は次のように訴える。（注６）

「高校生の政治活動を不当に制限する通知は憲法違反だ。校外では認められ、全面禁止だった今までよりましとの見方もあるが、そんな決まりが忘れられていた今改めて出すことは、むしろ禁止を強調することになる。」

注１：文部科学省ＨＰ、「高等学校における政治的教養と政治的活動について」（昭和44年文部省初等中等教育局長通知）の見直しに係る関係団体ヒアリング
http://www.mext.go.jp/b_menu/shingi/chousa/shotou/118/index.htm

注２：毎日新聞２０１５年11月１日付社説。

注３：朝日新聞２０１５年10月30日付、３面（総合面）。

注４：朝日新聞２０１５年11月１日付社説。

注５：しんぶん赤旗２０１５年10月11日付。

注６：朝日新聞２０１５年10月30日付、３面（総合面）。

2、政治的中立の名の下に主権者教育は崩壊する

安保法制の模擬投票を自民党が問題視

18歳選挙権導入を決めた２０１５年通常国会は、安倍政権下において、安全保障法制＝戦争法案の強行採決が行われ、集団的自衛権の法制化がなされた国会でもあった。安保法制については、全国の高校生の注目を集め、たとえば高校生によって結成された「T-ns SOWL」（ティーンズ・ソウル、Teens Stand up to Oppose War Law）は、8月に渋谷で5千人の高校生らを集めてデモ行進し、首都に高校生の声を爆発させた。彼らはその後も継続してデモ・集会や、学習会を継続して企画し、その行動は今日まで継続している。

しかし、高校生の高まる関心に対して、学校現場で、その関心を排し、声を封じ、あるいは耳を塞ごうとする事例が相次いだ。

18歳選挙権法案（公職選挙法改正案）が6月に成立してわずかに1ヶ月。7月の山口県議会で、公立高校の授業をめぐって、県教育長が謝罪する事態となった。各紙報道によれば、6月24日、山口県立柳井高校の2年生を対象とした授業で、安全保障法制の問題に関し、法案に対する模擬投票が行われた。

もう少し説明が必要だ。まず、授業の参考資料として配られたのが、朝日新聞と日本経済新聞

の2紙。自民党県議は、7月3日の県議会でこの点を問題視して、「政治的中立に疑問を感じる」と主張した（注1）。模擬投票は、32人の生徒が8つのグループに分かれ、2つのグループは法案賛成、6グループは反対の立場で討論。どのグループが「最も説得力があるか」を問う形で投票が行われたのである（注2）。この授業に、県教委・浅原司教育長は「学校への指導が不十分だった」と県議会で謝罪したのである。

これに対し、弁護士の田中隆氏は、雑誌記事の中で「主権者の権利等についての教育の充実が求められる」とした上で、警鐘を鳴らす（注3）。

「『主権者になる』とは自らが主体的・積極的に国家や政治に向き合うことであって、政府や与党が考える『国家』『公共』『責務』などを注入されることではない。山口県で現実に発生した、『県立高校での安保法制の模擬投票を『中立性に疑問』として自民党県議が介入』といった事態が発生すれば、『主権者教育』そのものが成り立たなくなるだろう。」

宮城では文化祭の発表がとりやめに

山口県の事例は、授業が問題視された。これに対し、宮城県では、部活動での取り組みが批判を受けることになる。宮城県立柴田農林高校の事例を河北新報が伝えている（注4）。全文を引用したい。

「安保法アンケート『表現不適切』校長謝罪

柴田農林高（宮城県大河原町）の社会科学部が行った時事問題に関する校内アンケートで、安全保障関連法をめぐる設問に不適切な表現があったとして、学校側が生徒と保護者らに謝罪していたことが5日、分かった。

アンケートは10月16日、同部が生徒の時事問題への意識を調査し文化祭で発表しようと、全校生徒４３８人を対象に実施。顧問の男性教諭（60）が作成を指導した設問の中に『安保関連法（戦争法）の目的は米国が行う戦争の肩代わりと言われるが、どう思うか』などの表現があった。

同校によると『内容が偏向的な気がする』との指摘が同26日に複数寄せられた。いずれも保護者ではないという。同29日に後藤武徳校長名で『政治的中立性を欠く不適切な表現だった』との文書を生徒に配った。

県教委高校教育課は、選挙権年齢が18歳以上に引き下げられるのを踏まえ『生徒が政治的課題を学び、研究に取り組むことは重要だが、社会的に見解が分かれる課題は一面的な指導にならないよう教員の配慮が必要だった』と話した。

県教委は同27日、県内の公立高校長らに政治教育の中立性確保に留意するよう促す通知を出した。」

柴田農林高校では、校外からの批判に、「文化祭での発表取りやめ」でもって応えることになる。一体、どういう「有権者」を育てようとしているのだろうか。18歳選挙権が認められるようになることを受けて、国会や教育者の間では、「主権者教育」の重要性が声高に叫ばれている。「新通知」も、「国家・社会の形成者としての資質や能力を育むことが、より一層求められます」と述べて、「現実の具体的な政治的事象を扱いながら政治的教養の教育を行う」としているのである。しかし、あるいは言うまでもないことなのかもしれないが、その現実的効果としては、現実社会での政治問題に関心を持たせるどころか、あちこちで「自粛」を招き、政治忌避を助長したのである。識者による「69通達がある限り、18歳選挙権など実現しても、まったく無意味」との言葉が重く感じられる。[注5]

注1：共同通信、２０１５年7月４日配信記事。
http://this.kiji.is/42126496347226112?c=39546741839462401

注2：朝日新聞デジタル、２０１５年６月25日配信記事。
http://digital.asahi.com/articles/ASH6S3RSLH6STZNB005.html?_requesturl=articles%2FASH6S3RSLH6STZNB005.html&rm=323

注3：『季刊　人間と教育』88号　特集「18歳選挙権と政治教育のゆくえ」（民主教育研究所編、旬報社、２０１５年12月）58ページ以下、田中隆「18歳選挙権・国民投票権と教職員・生徒の政治的活動」

注4：河北新報オンライン、２０１５年11月６日配信記事。
http://www.kahoku.co.jp/tohokunews/201511/20151106_13044.html

注5：「週刊金曜日」第４５７号（２００３年４月25日号）における福田雅章氏の主張。

3、高校生の校外政治活動の「届け出制」

暴走を始めた教育委員会

文部科学省による「新通知」を受けて、都道府県教委は動いた。

「これは文部科学省に任せると、必ずどんどんかたくなっていきます。それがさらに県の教育委員会、市町村の教育委員会におろされると、さらに規制が強くなっていくというのがお役所のおきて……。」

民主党の福島伸亨衆議院議員は、18歳選挙権法案審議の中でこう指摘していた。(注1) それが現実となる日が来るのである。

「政治活動　学校に届け出」と大書された新聞記事が出たのは、２０１５年も暮れを迎えた12月21日のことである。毎日新聞が独自調査の上、スクープしたものだ。(注2)

「文部科学省が10月の通知で新たに認めた『高校生の校外での政治活動』について、宮城、愛知など6県と横浜など3政令市の教育委員会が、デモや集会に参加する際に学校へ届け出させるかを検討していることが取材で分かった。届け出制導入の判断を学校長に委ねる自治体も10道県と1市に上る。高校生の政治活動は選挙権年齢が『18歳以上』に引き下げられるのに伴い認められた。専門家は高校生の活動を萎縮させるマイナス効果を懸念している。」

記事の中で、愛知県の担当者は次のように説明する。

「デモに参加した生徒の身体に危険が及んだ場合、学校が全く把握しなくて良いのか。生徒の安全面の配慮から必要との考え方がある一方、思想・信条の自由の面から問題だとする考えもあり、どうしたらいいか悩ましい。」

宮城県の担当者は、文科省の「新通知」を根拠に挙げる。

「文科省通知には『学業や生活に支障がある場合は必要かつ合理的な範囲内で制限または禁止する』とあり、その兼ね合いを時間をかけて検討したい。」

有識者は「届け出制」を批判する

毎日新聞記事の中で、2氏が懸念を示し、届け出制を批判する。

早稲田大学の近藤孝弘教授はドイツの例を挙げた。

「政治教育が盛んなドイツなどの欧州諸国では、高校生もデモなどに参加し政治的意思を表明する権利を持つのは当然のことと考えられている。……届け出制は『デモなどの政治活動は好ましくない』とのメッセージを発することにもなりかねず、民主主義の理念を損なう可能性がある。」

もう一人紹介されている、林大介東洋大学助教は、18歳選挙権を求める活動に長く携わり、文科省の作成した副教材の編集にも関わっている。同氏も疑義を示す。

「休日などに校外で行う政治活動は家庭の理解の下で行われるのが原則で、学校が把握する必要があるのか。届け出制は生徒の主体的な活動を萎縮させ、憲法が定める思想・信条の自由に抵触する可能性もある。」

以上は、12月21日付毎日新聞の1面からの引用であるが、3面の「クローズアップ２０１５」は、「高校生『まるで監視』」と、よりセンセーショナルな見出しを掲げる。都立高校の高校生は疑問を投げかける。

「自分で考えた行動なのに、なぜ学校に伝える必要があるのか。届け出をさせて、学校が何をしたいのか疑問に感じる。」

届け出制を追認した文科省「Q＆A」の大罪

文科省が「69通達」を「廃止」して、「新通知」を発出したのが２０１５年10月。その後に、教育委員会から「届け出制」の動きが現れた。正直に言えば、せめて文科省はもう黙っていてほしかった。それが「69通達」のエセ廃止であり、実質的にその立場を踏襲したものである以上、その「具体例」や「基準」など、示せば示すほど、高校生の権利を奪うことになるのは自明のことだからである。しかし、文科省は地方の教育委員会で現れた、高校生に対する人権侵害を追認することになる。
２０１６年1月29日、文科省は『高等学校等における政治的教養の教育と高等学校等の生徒による政治的活動等について（通知）』に関するＱ＆Ａ（生徒指導関係）」と題する文書を出した（以下、「Ｑ＆Ａ」という）。例えば、「届け出制」については次のように言う。(注3)
「Ｑ９．放課後、休日等に学校の構外で行われる政治的活動等について、届出制とすることはできますか。
Ａ．放課後、休日等に学校の構外で行われる、高等学校等の生徒による政治的活動等は、家庭の理解の下、当該生徒が判断し行うものですが、このような活動も、高等学校の教育目的の達成等の観点から必要かつ合理的な範囲内で制約を受けるものと解されます。
したがって、高校生の政治的活動等に係る指導の在り方については、このような観点からの必要かつ合理的な範囲内の制約となるよう、各学校等において適切に判断することが必要であり、例えば、届出をした者の個人的な政治的信条の是非を問うようなものにならないようにすることなどの適切な配慮が必要になります。」

信条を問わないよう配慮、たしかに「Ｑ＆Ａ」はそのように言う。しかし、それは不可能だ。政治的活動は、アルバイトや部活動の対外活動とは根本的に質が異なる。思想・信条と直結する問題なのだ。届け出の内容の問題ではなく、届け出させること自体が、政治活動をしている、あるいは政治に興味があるという信条・内心を学校の管理に委ねることになるのだから。学校への届け出を強要すれば、高校生の萎縮を招くことにつながる。集会・結社の自由や、請願権の侵害にもつながってくる。文科省は、この「Ｑ＆Ａ」の中で、昭和女子大退学処分事件などにも触れながら、学校内・学校施設での政治活動禁止や、校則での届け出制を正当化した。「学校等において適切に判断」として学校に責任転嫁を試みつつ、政治活動の禁止・制限を後押しする役割を果たしたのが、この「Ｑ＆Ａ」なのである。

「届け出制」に声を上げる高校生

安保法制に反対する立場から、高校生によって結成された「T-ns SOWL」（ティーンズ・ソウル）は、2月7日、早々に抗議声明を出し、Facebookなどにおいて拡散した。

「私たちは高校生である前にひとりの国民であり主権者であることを忘れません。」として発表されたアピールは、「私たちにとって、政治は『没頭するもの』ではなく、『日常に普通にあるもの』」として、「T-ns SOWLは、高校生の政治参加を抑制する届け出制に反対します。」と訴えた。18歳選挙権の実現もふまえて、彼ら・彼女らは宣言している。

「政治家だけが政治を動かす時代は終わりました。主権者である私たちには、政治に対し声をあげる自由があります。私たちは、政治に関心を持ち、意見を交わし、自分の考えを持ち、私たちの社会をより良くするために立ち上がり行動し続けます。」

同様に、「若者憲法集会」（２０１５年６月・都内）に参加した高校生が結成した、「平和な未来をつむぐ高校生の会」も、「届け出制」に反対し、「新通知」と「Ｑ＆Ａ」撤回を求めている。同会は、２０１６年２月24日、文部科学大臣に宛てて「高校生の政治活動を規制する『新通知』と『Ｑ＆Ａ』の撤回を求めます」とする要請書を提出、クラスメートから集めた手紙も携えて対文科省要請行動を行った。

しんぶん赤旗は、この要請行動で訴えた高校生の声をこう紹介する（注５）。

「『学校で政治の話をしていたら、文科省の通知を理由に注意された友人がいました。意見を言う自由に支障をきたしています』（かなめさん）、『18歳選挙権が実施されたのに、届け出制によってデモへの参加や、政治に関心を持つきっかけを奪ってしまうのでは』（みきさん）」

注１：『問う！　高校生の政治活動禁止』（久保友仁・小川杏奈・清水花梨編著、社会批評社、２０１５年）１７８ページ、２０１５年６月２日衆議院政治倫理の確立及び公職選挙法改正に関する特別委員会。
注２：毎日新聞２０１５年12月21日付、１面及び３面。
注３：http://www.mext.go.jp/a_menu/shotou/seitoshidou/1366767.htm
注４：https://twitter.com/teenssowl/status/696321285677121536
注５：しんぶん赤旗２０１６年２月25日付。

4、「届け出制」をめぐる地方での攻防

序盤戦の宮城・大阪などでは勝利した！

２月13日、河北新報は「校外政治活動　届け出不要」として、宮城県教委が方針を固めたことを伝えた（注１）。

「放課後や休日に校外で行う政治活動や選挙運動は、事前の許可や届け出を不要とした。理由について、県教委は『校外の政治活動は家庭の理解の下、生徒が自主的に判断して行うもの』と位置付けた。

放課後・休日の校内活動は対等な立場での意見交換などは認めるが、強要するなどした場合は禁止できる。校内外を問わず、熱中して生徒自身や他の生徒の学業などに支障が生じる場合も『必要かつ合理的な範囲内で、制限または禁止することが必要』と指導した。」とある。

筆者は、この宮城県教委の方針に諸手を上げて賛成するとか、支持するというものではない。高校生の政治活動について、教委や学校当局が口を出すのがそもそもおかしいと考えるからだ。しかし、これは大きな勝利であると受け止める。宮城県教委は、文科省「新通知」以上の規制はしていない。前述の、２０１５年12月21日付毎日新聞では、「宮城、愛知など６県と横浜など３政令市の教育委員会が、デモや集会に参加する際に学校へ届け出させるかを検討している」と報

じられていたのだ。届け出制など、もとよりおかしな話ではあるのだが、一度「検討中」と報じられた宮城県教委において、導入を断念させたのである！

大阪府も、「届け出制」導入を見送った。朝日新聞は、次のように報じる。(注2)

「届け出不要とした府教委の判断について、関係者は『学校が校外での生徒の行動を逐一把握するのは現実的に難しく、届け出制にすれば事実上の許可制になる恐れもある』と説明。ガイドラインでは『例えば政治集会への参加届の提出を求める必要はありません』などと記載した。」

神戸市でも、3月になって市立全9校で「届け出不要」と判断した。(注3)記事は言う。「市教委は各校の判断に委ねていたが、全9校の考えが一致したという。」

自治体で分かれる対応

届け出不要を決める教育委員会が出てくる一方、異なる判断をする教委が多数派だ。東京新聞は、政治活動「届け出」導入の動きについて関東の11都県市教委に対して調査を行い、2月21日、「高校生の主権規制」と大きく掲げて報じている。(注4)記事によれば、届け出不要と判断したのは、横浜市と千葉市。千葉市は「家庭の理解の下、生徒が判断」として文科省「新通知」に沿った判断をしている。一方、東京都など1都3県は「各学校に委ねる」とした。

66都道府県・政令指定都市を対象にした取材に基づく朝日新聞報道でも、「不要」と判断したのは6自治体（宮城県、愛知県、香川県、大阪府、仙台市、堺市）にとどまる。（注5）愛知県の担当者は記事の中で、「生徒の判断に縛りをかけてはいけないと考えた」と理由を説明する。本来、当然と言える判断だろう。

一方、目立ったのは「判断は各校に任せる」とした自治体で、東京都など27自治体にのぼるという。33自治体は検討中、未検討と報じられている。

各校に任せる、これはあるべき姿なのか。たしかに、教委が統制して高校生の政治活動を規制しようとすることに比べたらはるかにましかもしれない。しかし、本来ならば教育行政こそ先頭に立って「高校生には権利がある」と宣言し、届け出制を導入しないよう各校を指導するのが筋ではないのか。この記事は次のように述べる。

「27自治体は届け出の導入について『判断は各校に任せる』と回答。理由では『アルバイトを届け出制にするかも各校が決めており、同様の対応』などが多かった。」

アルバイトと政治活動を同列に扱っていいのか！　政治活動は高校生の思想・信条に関わる問題なのだ。思想・信条の自由は、内心の自由であり、もっとも尊重されなければならない基本的人権の1つである。それを学校が強権的に管理し支配しようとすることが、高校生の権利をいかに簒奪するものなのか、それがどれほど大きな問題を孕んでいるのかを理解しなければならない。ともすれば、生徒の人格を否定し、尊厳を傷つけるようなことになりかねないのだ。

朝日新聞の、同2月22日付、社会面においては仙台市と香川県の事例が紹介されている。（注6）

「『届け出をさせると、生徒が政治活動に参加しにくくなる恐れがある』。仙台市の担当者は1月に文科省が届け出容認を示して以降、市立高校などを訪ねて校長らに考えを伝えてきた。賛同する反応が多かったことも参考に市教育委員会は今月9日、『届け出制は不要』と正式に通知した。香川県も今月10日、県立高の教頭らを集めた会合で『届け出制は望ましくない』と伝えた。デモの名称や主催者名などを事前に教員へ伝える形にすると、生徒の参加意欲をそぎかねないと考えた。『本人と保護者の責任で動いてもらえばいい』と担当者は話す。」

文部科学大臣も言及

馳浩文部科学大臣は、2月19日の定例記者会見において問われ、「届け出制」について発言している（注7）。

記者　高校生世代のデモについて、デモを届出制にするというお話が今出てきていますが、高校生世代であっても、もちろん社会だったり、国家であったりに対して、どのように考え、どのように意見表明をしたり態度表明をするのかの自由は保障されるべきだと私も考えております。その一つの意思表明の形として、デモももちろんあるのだろうと思うのですが、これに届出制を敷いてしまうということになったら、憲法の思想・信条の自由に抵触するのではないかと考えますが、この点を改めて御意見をお聞かせください。

大臣　基本的に文科大臣として、何かを規制しようというものでは全くありませんということをまず申し上げた上で、あとは学校管理者、校長が、万が一事故があったときに、やはり学校の責任者として対応をせざるを得ないので、どういうところにいるのかと、学校外の活動について、一定の把握をしておくということは理解できるところであります。私自身も、今おっしゃったように、何かの行動を規制する、あれをしていい、いけないということで通知も含めて発出しているものではありません。高校生であるならば、置かれている立場において、本人の判断や保護者との判断、コミュニケーションをとりながら、政治活動においても参加されればよいと思います。

記者　各学校のやり方といいますか、判断に一定は任せるということではあるとは思いますが、その届出制を敷く学校があったとしても、それが憲法に抵触しないようにということで、文科省としての何か対策を講じる必要があるとはお考えでしょうか。

大臣　最初に申し上げたとおりです。何かを強制したり、あるいは何かを規制するようなものではないと認識しておりますし、学校長としても、万が一の事故が起こった場合に速やかに対応することは、これはやはり必要な措置だと思いますので、そういう意味での配慮ではないかと思っています。何度も言いますが、未成年ですから、生徒諸君の自主的な活動を上から押さえつけるという趣旨のものでは全くありません。文科省が発出している通知においても、法律に基づいて、教育現場の政治的な中立性、公平性、これを求めているものでありまして、置かれている現状において、適切に対応をしていただければよいと思っております。

記者　思想・信条の自由を保障すべきだということは、大臣個人の意見としても了解しているということでよろしいでしょうか。

大臣　ここは文部科学省ですので、あまり個人的な意見ということよりも、憲法で保障されている個人としての思想・信条・表現の自由、これは当然守られるべきものであります。未成年でもあり、また、エスカレートしたデモ等に巻き込まれたときに、うちの学校の生徒は大丈夫かなと、そういったときに保護者との連絡、万が一の場合には、多方面との連絡もあるでしょうし、そのような観点から届出制が考えられているとするならば、それは妥当な、子供たちを守るために必要な措置ではないかなと思います。

当然のことながら、「新通知」や「Q&A」と異なる見解は出てこない。安全確保の面から「届け出制」が必要、あるいはそれを認める、というのが文部科学省の立場なのだ。「万が一の事故」「エスカレートしたデモ」といった表現からは、文科省が60年安保、70年安保の再来を許さないといった考えがよく分かる。体制の側、国家権力の都合だろう。

しかし、それこそ「家庭の理解の下、生徒が判断し、行うものである」（「新通知」）。少なくとも、そうした事象の起きてもいない今日にあって、ことさらそのような面を強調することは、政治活動＝危険なもの、と捉えさせるものであり、政治に関心を持つ上で生徒を萎縮させるには十分なのだ。かかる文科省の姿勢自体が改められなければ、政治的教養の教育も、若者の政治参加も遠い世界の話となってしまうのではなかろうか。

注１：河北新報オンライン、２０１６年２月13日付。
http://www.kahoku.co.jp/tohokunews/201602/20160213_11024.html

注２：朝日新聞デジタル、２０１６年２月18日配信記事。
http://www.asahi.com/articles/ASJ2K7W7DJ2KPTIL04F.html

注３：産経新聞、２０１６年３月９日配信記事。
http://www.sankei.com/west/news/160309/wst1603090023-n1.html

注４：東京新聞、２０１６年２月21日付、１面、２面。

注５：朝日新聞、２０１６年２月22日付、１面。

注６：朝日新聞、２０１６年２月22日付、34面（社会面）。

注７：文部科学省ＨＰ。
http://www.mext.go.jp/b_menu/daijin/detail/1367379.htm

5、愛媛県教委の暴挙、「届け出制」導入を指示！

恐るべき県教委の指導資料

２０１６年3月になって各紙が報じた愛媛県教委の動向は、非常にショッキングなものだった。一番最初に報じたのが、３月５日付のしんぶん赤旗である。「『許可・届出』制の導入指示」「校則の〝ひな型〟」と題して報じている。(注１) 報道によれば、愛媛県教委が２０１５年12月１日に、県内の公立高校等59校の教頭らを対象に開いた研修会において、「政治活動等に対する生徒指導に関する校則等の見直しについて」とする文書を配布。しんぶん赤旗は、その内容をこう報じる。

「海外旅行やキャンプ・登山等に行く場合と同様に、『選挙運動や政治的活動への参加』の場合にも『許可・届出』が必要だとし、『１週間前に保護者の許可を得て担任に届け出る』『18歳未満である場合には許可されない』『校内での選挙運動や政治的活動については、原則禁止』と付け加えています。」

ひどい内容だ。そこには、憲法や子どもの権利条約が、高校生にも表現の自由を認め、集会・結社の自由を定めているのが、まるで嘘なのではないかと思うような姿がある。これが２０１５年末に県教委によって配布された文書なのだ。「届け出制」導入を指示、とするのは、さらに驚くべき文書の形をとっているからだ。

「この文書の末尾には、『以上のとおり、改訂いたしました』との文言がすでに印字されており、学校長が署名・押印すれば、そのまま県教委への提出文書となる形態……」

朝日新聞も3月16日になって、「18歳選挙権で愛媛県立全高校　政治活動届け出校則化」と題した記事を1面トップで掲げた。（注２）同紙は「県教委によると、昨年12月に示した文書では、政治活動への参加を届け出たうえで学校の許可が必要だとする変更例が記されていたが、『行き過ぎ』と判断し、今年2月に届け出制のみを記した改訂版の文書を再配布した」という。この点は、赤旗記事では触れられていない。しかし、その本質は変わっていない。朝日新聞記事からだ。

「変更の要否の判断は各校に任せることも伝えたという。しかし、変更した場合は県教委の担当課長宛てに報告するよう要請。変更例を示した文書は、この報告書のひな型としても使える書式で、校長名などを書く欄も示されていた。」

安全管理を口実にするが

朝日新聞は、この記事の中で愛媛県立高校の、校長・教頭の意見を載せている。

「ある愛媛県立高の校長は取材に『校外の活動であっても、自校の生徒に危険がないかを把握するため、政治活動への参加は知っておく必要がある。職員会議で導入を決めた』と話した。」

「ある県立高校の教頭は『記録に残る文書ではなく口頭での届け出にするなど、生徒を萎縮させない工夫は可能』と話す。」

文科省は、「新通知」の中で、「違法若しくは暴力的」「学業や生活などに支障」等として、学校による高校生の政治活動への介入に口実を与えている。

「Q＆A」は言う。「高校生の政治的活動等に係る指導の在り方については、このような観点からの必要かつ合理的な範囲内の制約となるよう、各学校等において適切に判断する」。

その結果がこれなのだ！

朝日新聞は「生徒が感じる重圧考慮を」とのタイトルを掲げて批判した（注3）。

「校則で定めることで、生徒が心理的な『縛り』を感じる恐れがあることは否定できない。届け出をせずにデモに参加し、後で学校に知られたらどうなるか。届け出によって自分の政治的な考えを知った先生はどう思うか。それは進学や就職に影響しないか――。そんな心配をする生徒も出てくるのではないか。結果として、生徒が萎縮して政治活動への参加をためらうような影響があれば、若者の社会参加を促す18歳選挙権の趣旨を損ないかねない。」

ところで、政府は、「校則」についてこれまでどういう立場をとってきたのか。国連子どもの権利委員会に過去3回にわたって提出されてきた「政府報告書」を抜粋したい（注4）。

「学校においては、児童生徒が心身の発達過程にあること、学校が集団生活の場であること等から校則が必要である。校則は、日々の教育指導に関わるものであり、児童生徒等の実態、保護者の考え方、地域の実情、社会の変化、時代の進展等を踏まえ、より適切なものとなるよう絶え

ず見直しを行うことについて、教育関係機関に通知したところである。」（１９９６年第１回政府報告）

「校則については、児童生徒の実態、保護者の考え方等を踏まえて絶えず見直しを行い、教育的に見て適切なものとすることが大切であり、文部科学省としてもこのような観点に立ち、教育委員会等に対し指導してきたところである。」（２００１年第2回政府報告、２００８年第3回政府報告）

なるほど、「社会の変化、時代の進展等を踏まえ」「絶えず見直し」を行ったのが、今回の結論なのか。しかし、子どもの権利条約は、その第12条において、子どもの「意見表明権」を規定する。条文はこうだ（政府訳）。

「締約国は、自己の意見を形成する能力のある児童がその児童に影響を及ぼすすべての事項について自由に自己の意見を表明する権利を確保する。この場合において、児童の意見は、その児童の年齢及び成熟度に従って相応に考慮されるものとする。」（2項略）

文科省は、校則について高校生、子どもの意見を聞く必要性を認めていない。今回の「届け出制」も当事者のいないところで勝手に決められている。前述の記事の中で校長が暴露しているではないか。「職員会議で導入を決めた」と。日本の子どもたちの権利というのは、この程度のものなのだ。自分たちにもっとも関係のある校則について生徒会や生徒に諮ることもなく、せいぜい職員会議で決定してしまおうというのだから。そんな考え方でありながら、自分たちのことを自分たちで決める、という政治について「主権者教育」を行おうというのだから、その実情は推して知るべし、である。

文部科学大臣「私が校長ならしません」

馳浩文部科学大臣は、報道を受け、3月18日、記者会見においてコメントしている。（注5）

記者　愛媛県の公立高校で、生徒の政治活動について届出制を義務付けることが全校で定められることになりましたが、この件について大臣はどのようにお考えですか。

大臣　事実関係としては、全てに義務付けるという報告ではなく、届出制を採用するよう一律に指示したものではないとは、一応聞いております。このことを踏まえた上で、各都道府県の教育委員会において、公職選挙法が改正されて、18歳選挙権の時代になりましたから、適切に判断していただければよいと思います。私が校長だったらしません。

記者　文部科学省が通知を改めて、高校生の政治活動の自由を広く認めるようにした趣旨に反するものではないのでしょうか。

大臣　そこはちょっと微妙に違うところで、政治活動の自由は保障されています。これは言うまでもありません。同時に学校教育においては、おのずと合理的な制約といいますか、子供たちの安全を守るためには、各学校あるいは教育委員会において、一定の配慮がなされるものだと思っていますから、政治活動の規制をしようというものではないということだけを、ちゃんと伝えておきたいと思います。

県知事は県教委を擁護

愛媛県知事は、定例記者会見で、「生徒守る視点必要」として、県教委による届け出制導入指示を擁護した。愛媛新聞が報じている。（注６）

「愛媛県内の全ての県立学校が校外での政治活動などを事前届け出制とするよう校則を変更する問題で中村時広知事は22日、県庁での定例会見で『未成年者を（公選法違反容疑などの）リスクから守る視点では必要』との認識を示した。

思想・信条の自由に対する懸念に中村知事は『自由は分かるが生徒が罰せられたら誰も責任を取ることができない』と述べた。

中村知事は選挙権年齢の引き下げを受け『高校生は公選法関連のことを詳しく知らず、いきなり政治活動や投票を行うことになる』と指摘。『性善説で言えば気を配る必要はない』と前置きし、大学生が公選法違反容疑で取り調べられたケースを挙げたり『票欲しさに高校生にアプローチする政治関係者が先輩を使って高校生を集めて食事を提供し、食べてしまえば供応・買収になる』と述べたりして『危険性を感じる』と強調した。

県教育委員会が示した例文に従い、全ての県立学校が１週間前の届け出制としたことは『結果論』として各校の判断と受け止めた。」

生徒の安全管理、これは「届け出制」をめぐって最大の口実となっている。しかし、忘れてはならないのは、政治活動の自由というものは、表現の自由や集会・結社の自由といった基本的人権に基づいた権利であり、民主主義社会において最も重視されるべき思想・信条の自由の発露であるということだ。「法を犯すかもしれない」「危険に巻き込まれるかもしれない」……こうした「かもしれない」が生徒の基本的人権を冒していることを重く受け止めるべきだ。生徒が本当に守られなければならないのは、「公選法違反の嫌疑」でも「暴力的デモでの負傷」でもなくて、このような人権侵害のロジックからだ！

保護者や地元紙は批判する

愛媛県内で、すぐに反対の動きは現れた。同日の愛媛新聞が伝えている。（注7）

「校外での高校生の政治活動を事前届け出制とする全愛媛県立学校の校則変更に対し教職員OBや保護者などから撤回を求める声が相次ぎ上がっている。22日は2団体が県庁を訪れ、県教育委員会に要請書を手渡した。

県退職教職員連絡協議会は『校則の見直しには生徒の意見を聞く機会を設けるべきだが各校は手だてを講じたか』とただした。協議会の竹内祐也会長（77）は『安全（確保）という偽名《ママ》の下、生徒を管理しようとしているようにしか見えない』と強調している。

さらに保護者や有識者など有志29人は連名で、届け出を義務付ける校則の撤廃を申し入れた。

同紙は、３月18日の社説を「政治活動届け出義務化　高校生の参加意欲減退が心配だ」として、届け出制を強く批判した。(注８)社説は言う。

「都道府県立高が一斉に届け出制を導入した事例は、ほかに見当たらない。文部科学省は学校現場向けに出した『Q＆A集』の中で、届け出制を容認しつつも『個人的な政治的信条の是非を問うものにならないように』などと注文を付けた。極めて抑制的で慎重な対応を求めていることを重く受け止めるべきだ。

学校側は、生徒の安全を確保するためだと口をそろえる。安全性が懸念される場合は参加自粛を指導するのだろうか。確かに、文科省は違法、暴力的な活動の恐れが高い場合などは『制限または禁止』が必要との通知を出してはいる。ただし『校外活動は家庭の理解の下、生徒が判断して行う』とも明記していることを忘れてはならない。」

「県教育委員会は『(届け出制が）政治活動を阻害する懸念があることは承知している』と認める。ならば、校則で縛るよりほかに方法はないのか、生徒や保護者とともに議論を尽くさなければならない。肝要なのは、生徒の政治参加を妨げないことだ。さまざまな活動について情報収集する中で、参加の判断に困ったときに教師らに相談し、適切な助言を受けられる信頼関係の深化も求められよう。

県教委は『校則変更の指示はしていない』とし、各学校の判断と強調する。権限と影響力の大きさを自覚してもらいたい。具体的に文書で変更案まで例示し、見直した場合の内容報告を期限を切って求めた対応を、学校側が事実上の指示と受け止めたとしても不思議はない。

変更案で政治活動は、届け出を要する事項として海外旅行やキャンプ・登山などに追加された。同列に捉えているなら認識を改める必要がある。ことは憲法で保障された思想信条や表現の自由に関わる。学校に知られたくなかったり、届け出ることで受験や就職に不利になるのではと不安に思ったりする生徒に向き合わねばなるまい。

改正公選法は6月19日に施行され、夏の参院選から適用される可能性が高い。新たに加わる有権者は２４０万人に上り、高校生も含まれる。学校がなすべきは、生徒を萎縮させることではない。主体的に考える力を身につけられるよう、主権者教育の充実をこそ急ぎたい。」

東京弁護士会が動いた

愛媛県教委の暴挙を受けて、東京弁護士会は、３月28日、「高校生の政治活動の自由を保障するため、文部科学省の10月29日付け通知とその運用についてのＱ＆Ａの撤回を求める会長声明」を出した。(注９) 同声明は、愛媛県の動きを「このような動きが今後全国に波及していくことが懸念される」と危惧した上で、こうした規制は憲法上許されるものではないとする立場で、「新通知」

と「Q＆A」撤回を主張する。

「憲法21条1項は、国民に表現の自由としての政治活動の自由を保障しており、この自由は民主主義社会の基礎であり不可欠の権利である。よって、民主主義社会においては、政治活動の自由を公権力が規制することは原則として許されない。この政治活動の自由は、本来は選挙権の有無に左右されるものではなく、主権者である国民全体に認められるべきものであり、高校生であっても自らの思想信条に基づいて政治活動を行う自由は、原則として認められるべきものである。従って、旧通知が高校生全般について政治活動を一律に禁止していたこと自体、高校生の政治活動の自由を侵害するものとして憲法違反であると言わざるを得ない。（略）新通知は不徹底であり、18歳以上に限定することなく、高校生全般について政治活動の自由を認めるべきである。」

「政治活動の自由を認めるとしながら、学生に対し学校外での政治活動の学校への届出を義務付けるというのは、学生に対し、事実上、政治に関する関心の有無や政治的志向を明らかにするよう強いることであり、そのような強制により学生に対し精神的苦痛を与えることにもなる。

学生からすれば、届出によって政治信条が担任教師等と対立するおそれや、その情報が記録されて内申書等に記載されるおそれを感じて届出を躊躇せざるを得ず、これは政治活動等への参加を萎縮させるものであり、届出制自体が、新通知の否定する『学生の政治的信条の是非を問うもの』になるものである。従って、届出制を強制することは、学生の表現・政治活動の自由（憲法21条）

のみならず思想・良心の自由（憲法19条）をも侵害するものと言わざるを得ない。

よって、18歳以上か否かを問わず、高校生の学校外での政治活動の学校への届出義務は認められるべきではなく、これを是認した文部科学省のQ＆Aは誤りである。公立学校において校則によってそのような届出制を定めることは、行政による憲法違反の人権侵害行為として、許されない。」

「なお、私立高校における学生の政治活動の制限は、直接的には行政権による規制・侵害の問題ではないが、学生の政治活動の自由や思想・良心の自由及び選挙権は、いずれも極めて重要な権利であって、たとえその学校が独自に掲げる建学の精神に基づく校風や教育目的があったとしても、学生のそれらの権利に不合理な制約を課すことは、憲法的価値を踏みにじるものとして公序良俗違反となり得る。また、学生の思想信条や所属政党を調査することはプライバシー侵害となるおそれがある。」

注1：しんぶん赤旗、２０１６年3月5日付、15面（社会面）。
注2：朝日新聞、２０１６年3月16日付、１面、38面（社会面）。
注3：朝日新聞、２０１６年3月16日付、38面（社会面）。
注4：外務省ＨＰ。
http://www.mofa.go.jp/mofaj/gaiko/jido/
注5：文部科学省ＨＰ。

http://www.mext.go.jp/b_menu/daijin/detail/1368724.htm
注６：愛媛新聞オンライン、２０１６年３月23日付。
http://www.ehime-np.co.jp/news/local/20160323/news20160323930.html
注７：愛媛新聞オンライン、２０１６年３月23日付。
http://www.ehime-np.co.jp/news/local/20160323/news20160323928.html
注８：愛媛新聞オンライン、２０１６年３月18日付。
http://www.ehime-np.co.jp/rensai/shasetsu/ren017201603181231.html
注９：http://www.toben.or.jp/message/seimei/20160328.html

６、国会も「届け出制」を問題視

政府のあまりにも不誠実な答弁書

維新の党に所属する初鹿明博衆議院議員は、２０１６年１月６日になって、左記の「質問主意書」を提出した（注１）。

「高校生の政治活動を届出制にすることに関する質問主意書　提出者　初鹿明博

高校生の政治活動について、一部の県や政令市の教育委員会が高校への『届出制』の導入を検討していると報じられています。

政治活動への参加が届出制となると、届け出ずに政治活動に参加した場合、校則違反などとして、制裁の対象となる可能性があります。

また、届け出ることによって、どのような思想、政治志向を持っているかを学校に知られることになり、進学や就職に不利に働くかもしれないと生徒が考え、政治活動への参加を躊躇する高校生が多く出ることが予想されます。

このように届出制を導入することによって、高校生の政治活動の自由は委縮し、著しく制限されることになり、憲法第19条の思想良心の自由を侵害し、憲法第21条の集会結社及び表現の自由を損なうことにつながることと考え、以下、政府の見解を伺います。

1　高校生の政治活動について、教育委員会が学校への届出制を導入することは憲法第19条が保障する思想良心の自由を侵害すると考えますが政府の見解を伺います。

2　同じく、集会、結社及び言論、出版その他一切の表現の自由を保障した憲法第21条の規定に反すると考えますが政府の見解を伺います。

3　いずれにしても、各自治体の教育委員会は、高校生の政治活動への参加が委縮してしまうような条例や規則を作るべきではないと考えますが、政府の見解を伺います。

右質問する。」

この質問主意書に対する、政府・文科省の対応は実に不誠実であったと言える。あまりに簡素で、中身が無く、実態にも即さない答弁書を閣議決定し、送りつけてきたのだ。

「衆議院議員初鹿明博君提出高校生の政治活動を届出制にすることに関する質問に対する答弁書

１から３までについて

高等学校等の生徒の政治活動に係る具体的な指導の在り方等については、御指摘の憲法の規定も踏まえ、各教育委員会等において適切に判断すべきものと考える。」

これが全文だ。抜粋でも、要約でも、主文でもない。これが全てなのだ。こんな無内容で、実態を無視した答弁は無いだろう。「届け出制」や校則改定などが現実の問題として惹起し、その引き金となったのが文科省の「新通知」であって、「Q＆A」であるにも関わらず、政府は、各教委に責任を押しつけているのだ。無責任としか言いようが無い。

３月に入り、委員会審議の場において、「届け出制」が議論されることとなる。以下、議事録を読み解いていきたい。

衆議院文部科学委員会の審議から

国会では、３月９日に、衆議院文部科学委員会が開かれて、日本共産党の大平喜信議員が質問に立った。大平議員は、「新通知」を読んだ高校生の意見も紹介する。

○大平委員　通知を読んだ高校生から私はお話を伺いました。選挙権の引き下げをしながら、選挙運動、政治活動はするなというのは意味がわからない、政府は私たちに投票に行ってほしくないんですか、そういう率直な疑問、不満を話しておられました。

果たして合理的かどうか、この通知の内容をさらに突っ込んで聞きたいと思うんですけれども、この政治的活動というものに高校生たちの一つ一つの行いが当てはまるのか否かを、現場で一体誰がどのように判断するんでしょうか。

○小松政府参考人　生徒に対する具体的な指導のあり方等は、学校の設置者並びにその委任を受けた学校長が適切に判断するものでございます。（略）

○大平委員　政治活動だけは何かいかがわしいものかのように扱って、制限、禁止することも含めてなどとも言いながら、指導しているわけです。私は、結局この通知は、政治活動への参加への、高校生たちに対する、萎縮させる効果しか果たさないようなものになるんじゃないかと思うわけです。

届け出制を批判する

○大平委員　今各地で検討されているのが届け出制の問題です。高校生たちが休みの日の構外での選挙運動や政治的活動に参加する場合に、事前に学校に届け出をしなければならないというものであります。そして、それに対して、文科省も、適切な配慮をすればよしと認めております。

○小松政府参考人　一般論になりますが、（略）放課後、休日等に学校の構外で行われる高等学校等の生徒による政治的活動等は、家庭の理解のもと、当該生徒が判断し行うものでございます。それと同時に、先ほど申し上げましたが、このような活動も、高等学校の教育目的の達成等の観点から必要かつ合理的な範囲内での対応という対象になると解されます。

高校生の政治的活動等に係る指導のあり方は、個別のケースに応じて学校において判断をされることでございますので、私どもとしても、届け出を要するという措置にするか否か、また、そうした場合に必要な届け出事項はこれであるというようなことを一律に決めるということはいたしておりません。

したがって、政府としてこれがそうだということをお示しすることは適切ではないと思いますけれども、生徒からの届け出の内容として一般的に想定されるものといえば、例えば、活動の日時とか場所とか、あるいは参加する活動や団体の名称等とか、そういったものが考えられると思います。あくまでも一般論でございます。

高校によって対応が異なるのは不合理だ

大平議員は、愛媛県教委が全公立高校に校則改定を指示した事実もふまえつつ、「届け出制」導入を批判し、文科省を追及する。

○大平委員　こうした愛媛のような県がある一方で、幾つかの都道府県教育委員会では、構外の政治活動は、家庭の理解のもと、生徒が自主的に判断して行うものとして、届け出制は不要だと判断しているところも生まれております。（略）さらに言えば、同じ県内あるいは同じ自治体の中でも、A高校は届け出が必要で、B高校は届け出が必要ないということが当然この仕組み上起こってくるわけです。（略）これは余りにも不合理ではないかと思うんですが（略）。

○馳国務大臣　各学校の状況に応じ、生徒指導のあり方が異なることはあり得るものと考えております。

○大平委員　文部科学省が発出した通知によって、こうした届け出制を今各地で学校は真面目に検討しているんだと思うんです。そして、資料にもあるとおり、既に現実に校則にまで書き込まれようとしています。（略）問題は、どういう活動に参加するのかということそのものを言わない自由があるじゃないかということなんです。それが、内心の自由、思想信条の自由など、憲法の規定が保障されているということじゃないでしょうか。（略）

○馳国務大臣　文部科学省としては、生徒の自主的な活動を上から抑えつけるという意図は全くないところでありますが、そうしたことも踏まえつつ、高等学校の教育目的の達成等の観点から必要かつ合理的な範囲内の対応となるように、各学校等において適切に判断するものであると考えております。

文科省新通知の撤回を求める

大平議員は、質問の最後に改めて憲法の規定をふまえ、合わせて子どもの権利条約の視点も重視しながら、文科省による「新通知」の撤回を求めた。当然の主張である。

○大平委員　日本国憲法の規定に加え、日本も批准をしている子どもの権利条約では、18歳未満の子どもを独立した人格として尊重し、子どもが自分自身にかかわることに意見を表明する権利を保障しています。つまり、子どもたちが決して年齢や立場で差別されることなく、当然高校生たちも政治活動の自由が保障されるべき、この点から見ても、今度の文科省通知はきっぱりと撤回すべきだということをはっきり申し上げて、次の質問、最後の質問に移ります。

注１：衆議院ＨＰより。

http://www.shugiin.go.jp/internet/itdb_shitsumon.nsf/html/shitsumon/a190020.htm

7、「副教材」は日本の未来を拓くのか

政治とは何か

18歳選挙権を認めた公職選挙法の施行に先立って、総務省と文科省は「私たちが拓く日本の未来」と題する副教材を作成・頒布した。高校生向けに作られた生徒用と「活用のための指導資料」である教師用がある（以下、生徒用、教師用とする）。副題は「有権者として求められる力を身に付けるために」と書かれている。読者の方の中にも、お読みになった方がおられるかもしれない。

果たして、この副教材は、高校生や若年層の政治意識を高めることにつながるのだろうか？政治参加への扉となるのだろうか？

生徒用冒頭、「質問です。」と書かれた後に、次のような文章が続く(注1)。

「『政治』と言われて、何を考えますか？」

「すなわち、『政治』とは、私たちが国家や社会について重要と考えるものを、国家や社会としてどのような状態であることが良いのか、優先順位をつけて決定することであり、現在の日本では、選挙を通じて私たち有権者に訴えられた候補者や政党の考えや公約を議会の議論を通じて意見集約していく、つまり議会で決定される法律・条例や予算などにより決めていくということなのです。……このプロセスに関与する方法が『選挙』なのです。」

この説明をどのように受け止めるであろうか。もちろん、中には、その通りだと思う人もいるだろう。しかし、筆者はこの説明には大きな問題点を孕んでいると考える。と言うのも、この文章は、代議制、間接民主主義について説いただけであって、それと政治はイコールではないと考えるからだ。これでは、まるで政治＝選挙ではないか？　数年に一度行われる国政・地方の選挙という、ともすればお祭りごとみたいなものが政治であると解説するならば、こんなにも有権者、そして主権者を軽んじることはないだろう。

18歳選挙権が認められるようになって、公職選挙法の解説や、「18歳」と冠した政治についての書籍が多く出版されている。筆者の手元に、制服向上委員会の齋藤優里彩さんも寄稿した『18歳からの民主主義』（岩波新書編集部編）がある。35人の有識者が執筆した同書を読みながら、まずもって、そもそも政治とは何かを考えたい。

憲法学者の青井未帆氏は、「『選挙権』が、とても重要な基本的な権利」として、統治の正統性や国会の意義について論じた上で、次のように言う（注２）。

「政治への参加は、１票を投ずるその瞬間だけではないことは言うまでもありません。デモクラシーが適切に機能するためには、投票のほかに、いくつものルートが欠かせません。そのキモとなるのが、デモであったり、集会であったり、メディアの働きを通じてであったり、つまり表現の自由の行使です。」

この、主権者による政治参加を同書は再三にわたって重視する。中野晃一氏の指摘は分かりやすい。（注3）

「民主主義『である』だけでは不十分で、民主主義は『する』ものです。学校や大学などで政治について意見を交わしたり、国会前などのデモや集会などに参加したりする日常の政治参加と、選挙における投票を通じた政治参加は地つづきのものです。」

副教材は、たしかに公職選挙法改定に伴って作成されたものであるから、議会制民主主義を重んじることは当然かもしれない。しかし、生徒用であれ、教師用であれ、そこには日本国憲法が定める「主権は国民に存する」ところから自ずと認められるべき、表現の自由や集会の自由というものがまるで見受けられない。その上で、政治とは何か、と自問しておきながら冒頭の代議制のみの説明へと帰結してしまうのである。

べからず集の副教材

副教材に例示された「模擬投票」「模擬議会」「ディベート」といった学校教育現場での取り組みはたしかに興味がわく。アクティブラーニング、ブレインストーミング、ダイヤモンドランキング等、とりわけ教師用には横文字が並び、先進的なのかもしれない。

しかし、この副教材で気をつけなければならないのは、何が書かれているか、ではなく、むしろ何が書かれていないか、だ。「模擬請願」なるものを１つの大きなテーマに掲げておきながら、「署名」という言葉を生徒用からは削っている（教師用には記載がある）。デモ行進、署名、集会という言葉がどこで出てくるか。教育公務員特例法の解説の中で「禁止される具体的な目的・行為」として出てくるのである！（注４）　例えば、次のような記載がある。

「『教育公務員の政治的行為の制限』【想定される具体的事例】

以上について、教育公務員の政治的行為の制限に関する法令違反の疑いのある事例としては、例えば以下のようなものが想定される。（略）

③署名運動

・特定の政党や候補者の名を挙げて、賛成または反対の署名運動をすること

・上述の署名運動に協力するよう勧誘すること

④デモ行進

・特定の政党または候補者などを支持しまたは反対するためのデモ行進等を企て、指導し、または援助すること

・選挙運動のために、自動車を連ねたり、隊伍を組んで歩くなど気勢をはること」

触らぬ神に祟りなし。これが副教材のスタンスだ。公職選挙法をはじめ、教育基本法、政治的中立確保法、教育公務員特例法など禁止事項の羅列であって、少なくともこれら記載からは豊かな政治的教養の教育や政治参加という発想は浮かばない。生徒用も、公職選挙法を中心に、禁止

事項が再三にわたって記載され、とてもではないが政治に興味を持たせるような内容ではないのである。生徒用末尾のQ＆Aからも若干引用したい（注5）。

「選挙運動や政治活動については、学校においては高校生として校則等の決まりを、また、選挙との関係では公職選挙法等の法律を守る必要があります。

校則については、教育基本法など上位の法令等も踏まえながら、各学校において定められるものであり、教員の指導をよく聞いて、それを踏まえた行動をとってください。」

「あなたの通う高校の校則において、選挙運動又は政治活動について制限が設けられている場合もありますので、学校の教員に確認してみるとよいでしょう。」

「部活動や生徒会活動についても、これらの活動は生徒が自主的に行っているものですが、学校の教育活動の一環として行われているものであり、そのような活動においても一つの政党を支持するための活動を行うような場合は、教育基本法に違反します。」

どうであろうか。これら記述を読んで、政治に関心を持ち、近づき、社会の一員として政治参加したいと思えるだろうか？

実際の政治を避けた副教材

もちろん、副教材は公選法の解説書ではないので、建前としては良いことも書いてある。以下のような教育のねらいについて、筆者もとりたてて異議を申し述べるものではない。「政治的教養をはぐくむためには、解説編にある政治や選挙の意義、選挙の具体的な仕組みについて理解するとともに、そのような知識を踏まえ、

①論理的思考力（とりわけ根拠をもって主張し他者を説得する力）

②現実社会の諸課題について多面的・多角的に考察し、公正に判断する力

③現実社会の諸課題を見出し、協働的に追究し解決（合意形成・意思決定）する力

④公共的な事柄に自ら参画しようとする意欲や態度」

等々とある。（注6）

これら教育目的を、ディベートや模擬投票で培おうというのが副教材の考え方である。しかし、実際には、対立する実際の政治を避けて、過度の政治的中立性を求め、「政治ごっこ」をしているようにしか思えないのである。以下のようなテーマの立て方で、生徒は関心を持つのだろうか。

・ディベートの政策論争課題「サマータイムを導入すべきである」（注7）。

・政策討論会テーマ「地域産業の活性化」（注8）。

表現は稚拙であるが、読者に問いたい。「面白いですか」と。無論、政治のテーマはいくらでも考えられるだろう。また、副教材は身近な政治として、地方政治を重視している点も留意する必要はありそうだ。しかし、面白くないのだ。例えばディベートで、サマータイム導入の是非について、肯定側が勝ったとして、あるいは否定側が勝ったとして、誰か得をするのか。あるいは

痛みを感じるのか。直近の話題で言えば、安保法制であったり、反原発を含むエネルギー政策であったり、いくらでも関心を招く話題があるだろう。むしろそのようなテーマの立て方をすることで、生徒は新聞記事やテレビのニュース等を比較検討し、有意義な学習が出来るだろう。あえてそのようなテーマを副教材は避けたようにしか思えないのである。つまらない。

そうでありながら、副教材は、どうでもいいことは書いてある。「議会事務局の訪問の留意点」から紹介しておきたい。(注9)

「その際、生徒の言葉遣いや、服装の事前指導等を必要に応じて行う。」

余計なお世話である。ここまで読んで頂いておきながら恐縮ではあるが、高校生の政治参加、若者の政治意識の高まりといったことを考えた時に、この副教材に期待するのはやめた方が良さそうである。

注1：総務省・文部科学省『私たちが拓く日本の未来』(生徒用) 4ページ
注2：『18歳からの民主主義』(岩波新書編集部編、2016年) 4〜17ページ
注3：同『18歳からの民主主義』56ページ
注4：同『私たちが拓く日本の未来』(教師用) 74〜79ページ
注5：同『私たちが拓く日本の未来』(生徒用) 94、96、101ページ
注6：同『私たちが拓く日本の未来』(教師用) 19ページ
注7：同『私たちが拓く日本の未来』(生徒用) 39ページ

注８：同『私たちが拓く日本の未来』（生徒用）58ページ
注９：同『私たちが拓く日本の未来』（教師用）61ページ

８、高校生の政治活動をめぐる２０１６年度の近況

参院選

２０１６年７月の参院選について、筆者はまえがきの中において、「憲法改悪を狙う安倍政権と……大激突」と記した。しかし、18歳選挙権の実現を受けて、同時に高校生の政治活動をめぐっても隠れた争点となった。

民進党は、６月15日に発表した教育政策の中で、次のように表している。(注１)

「高校生の政治活動・選挙活動については、主権者・有権者にふさわしい対応とし、無用な制限に向かわないよう取り組みを進めます。」

日本共産党は、「各分野の政策」「教育」の中で、紙幅を割いて展開した。(注２)

「高校生の政治活動の自由を尊重します……憲法はすべての国民に政治活動の自由を保障しており、高校生にもとうぜん政治活動の自由があります。安保法制など様々な問題について高校生

たちはのびのびと活動しています。ところが国は、昨年10月に高校生だけ政治活動を禁止・制限する通知を出し、一部には集会参加や演説会を聞くなどの政治活動を届け出制にする高校まででています。このような憲法違反の制限に反対し、高校生の政治活動の自由を一般市民と同様に認めます。」

社会民主党も「若者アクションプログラム２０１６」として、「子どもの権利条約を踏まえ、子どもや若者が政策立案プロセスに関わり、当事者の声を反映させていきます。（略）高校生の政治活動の自由も拡充していきたいと思います。」と提言している。(注3)

一方、政権与党からは、自民党・公明党、いずれも「被選挙権年齢引き下げ」などについては触れられていたが、高校生の政治活動に関する政策は無かった。(注4)特に、教育公務員特例法の改悪を目指すとされていた自民党が、この参院選の公約から外したことには違和感を覚える。触れられたくない話題なのであろうか。しかし、これほどに高校生の政治活動を規制しようとするならば、政権与党として何らかの言及を参院選に際してもなすべきだ。無責任だと言ってよかろう。

弁護士会の声明等

既に、本章「5、愛媛県教委の暴挙、『届け出制』導入を指示！」において、３月28日付の東京弁護士会会長声明について触れたところであるが、愛媛県・兵庫県の各弁護士会が会長声明を出し、日本弁護士連合会もこの問題について意見書を提示している。

愛媛弁護士会は、４月19日になって「愛媛県立高校等の校外での政治活動や選挙運動を事前届出制とする校則変更に抗議し是正を求める会長声明」を出した。（注５）全国で唯一、一律に届け出制導入を決めた愛媛県において、弁護士会は「そもそも、子どもが権利行使するにあたって、親が指示・指導を与える責任、権利、義務が尊重されなければならず（子どもの権利条約５条）、子どもに対する第一義的な養育責任を負っているのは親であるから（子どもの権利条約18条）、学校外の生活についてまで学校が一方的に決めることは妥当ではなく、学校外での生活については、校則による一律の規制になじまない」と主張。抗議の上、是正を強く求めた。

兵庫県弁護士会も６月28日になって会長声明を出し、「新通知」と「Q＆A」撤回を求めている。（注６）同声明は、「高等学校等が、未成熟な高等学校等の生徒に対し、パターナリスティックな観点による制約（例えば暴力主義的な団体への加入をしないように指導すること等）をすることが必要であるとの意見も存在する」とした上で、「かかる問題は、一次的には家庭教育、二次的には学内での主権者教育によって対処すべき問題であり、高等学校は各生徒の政治的活動等の内容についてまで、極力踏み込むべきではない」と一蹴する。

学習権や、教育の自由といった観点から「新通知」「Q＆A」を批判したのは、日本弁護士連合会による６月21日付「高等学校等における政治的教養の教育等に関する意見書」である。（注７）全14

ページにわたる大部なものであり、本稿で全てを紹介することはできないが、要点をふまえておきたい。

無論、表現の自由や思想良心の自由についても展開される訳ではあるが、日弁連意見書がその軸とするのは、子どもの学習権の保障であり、憲法の規定から次のように言う。

「憲法は『個人の尊厳』を中核的価値と位置づけ、国民一人ひとりに幸福追求権を保障するとともに、国民一人ひとりが、個人として市民として、自主的・自律的な人格を形成するよう成長し発達していく権利を有することを前提として学習権を保障し、特に成長発達の途上にある存在である子どもの学習権を具体的に充足させるべく、教育を受ける権利を保障している（憲法13条及び26条。（旭川学テ判決について中略））」

「子どもの権利条約も、子どもの成長発達のために必要な教育を受ける権利（28条）の保障を規定し、子どもに施されるべき教育の内容について、『児童の人格、才能並びに精神的及び身体的な能力をその可能な最大限度まで発達させること。』（29条1項（a））を指向すべきとしている。」

続く文章の中で、意見書は、政治的教養について規定している教育基本法第14条の解釈上の問題点を挙げ、「同条2項が禁止するのは、直接に特定政党の支持又は反対を目的とするような政治教育及び政治的活動として限定的に解されるべき」と主張する。学校教育活動の担い手としての教師に求められているのは、教育基本法第14条1項における政治的教養の教育上の尊重である、という立場からである。

意見書はドイツの政治教育における「ボイテルスバッハ・コンセンサス」やイギリスのシティズンシップ教育の手法等にも触れ、高校生等の学習権保障の観点から、「新通知が高等学校等の教師に対して、政治教育の場面において、直接に特定政党の支持又は反対を目的とする場合に限定することなく『個人的な主義主張を述べることは避け』ることを求めている点は、見直される必要がある」との立場を表明した。

日弁連は、高校生による政治活動についても、学習権の視点から議論を展開する。

「表現の自由等の精神的自由権の制約として広範に過ぎ、また、高校生等が政治的教養を育むことにより自立的・自主的な個人として成長する機会を奪うものであって、教育基本法14条１項に反し、高校生等の学習権を侵害するもの」

「政治活動の届出を義務化する校則は、高校生等の憲法上の精神的自由権を広く直接に侵害するものであるが、さらに、政治的教養と不可分の関係にある政治的表現の自由が教育の場において尊重されていないという点から、教育基本法14条１項にも違反することとなる」

そして、本章「2、政治的中立の名の下に主権者教育は崩壊する」においても触れた宮城・山口両県立高校の事例についても、学習権保障という点から批判する。

「学校現場では、同様の事態を避けるため、政治的対立のある時事問題を取り上げた授業を回避するという萎縮効果が生じるおそれが高い。これは、重要な政治課題を題材として政治教育を受けることにより、自己の政治的信条を発見し、それを表現する能力を備えた主権者へと成長発達する機会を奪うもので、子どもの学習権を侵害し、政治的教養の教育の尊重を定めた教育基本法14条1項にも違反する疑いが強い。」

「新通知」や「69通達」は教育基本法の政治教育の項にある政治的中立の担保規定に触れて政治教育や高校生の政治活動を制限・禁止しようとしている訳であるが、日弁連はその教育基本法の規定がそもそも良識ある公民たるに必要な政治的教養が教育上尊重されなければならないことこそ主眼にあることを強く主張する。この立場に賛同し、また改めて重く受け止めたいと思うところである。

集会、イベント等

18歳選挙権が認められ、他方でかかる高校生への規制が強まる中で、それを問題視する集会等も開かれるようになった。

高校生による「T-ns SOWL」は、2015年12月29日、香港の雨傘運動からゲストを招き、学習会「高校生の政治活動とは?」を開いた。(注8) 2016年(以下同)5月4日には、「高校生の政治活動の届け出制について」と題した座談会をライブ配信している。(注9)

全日本教職員組合(全教)は、1月30日、高校教育研究委員会第3回公開研究会「主権者教育を問う~基本的人権としての政治活動の自由」を開催した。(注10) 全教は、3月2日に、「Q&A」撤回を求めて文科省要請も行っている。

６月７日には、参院選を前にした参議院議員会館において、「えひめ発　高校生の政治活動　届け出制について考える会」が開かれ、大学教授らが議論を交わした(注11)。

東京弁護士会は３月28日付で会長声明を出していたが（本章5、愛媛県教委の暴挙、「届け出制」導入を指示！）、６月１日にはシンポジウム「おかしくない？　投票できても声は出せない〜どうなる高校生の政治参加〜」を開催。第１部において仲里歌織弁護士が講演(注12)、第２部では本書の共同執筆者でもある菅間正道さんらがディスカッションした。

これらは一例で、より草の根的にも、多様な集会・イベントが開かれている。筆者自身も、直近では６月28日、目黒区内で行われた学習会において講師を務めている。

教育委員会・各学校の動向

筆者は既に愛媛県における、教育委員会の指導・強制に基づく全公立高校等での政治活動「届け出制」を取り上げ、これを批判してきた。文科省も「Q＆A」において「届け出制」導入を容認し、他の都道府県・政令市においてもこの動きが広まることが懸念された。しかし、多くの批判を受けて、実際には今のところ「届け出制」導入は限定的である。６月にNHKが報じたところによれば、愛媛県の他には教育委員会として「届け出制」導入を決めた例は無く、各校の判断としても青森県内の15校、鹿児島県内の2校、鳥取県内の1校、熊本県内の1校に留まった(注13)。

むしろ、高校生の自主性を重んじる発言も目立つ。いくつか例を挙げたい。神奈川県の桐谷次郎教育長は、神奈川新聞の取材に応え、「高校生も主体的に政治行動を行うことを前提に18歳選挙権は成り立っている。参加は当然の行動であり届け出制の必要はない」と述べた(注14)。佐賀県教委は4月20日、県立高校と特別支援学校の計44校に高校生の政治活動に関し、校外での活動については「学校への届け出を行う必要はない」との考え方を通知した(注15)。

愛媛県でも、産經新聞の報じたところによれば、59校のうち57校では、書面での届け出を求めず、口頭での届け出を導入することになった(注16)。学校側は「生徒の政治参加を萎縮させないため」「書面は圧迫感を与える」などと説明しているようだ。これだけでは本質的には変わらないように思えるが、活動内容や団体名を尋ねないとした学校もあるようで、保護者らの取り組みは一定の成果を上げたと受け止めてよかろう。

おわりに

18歳、あるいは高校生と社会・政治は、どのように関わり、どうつながるべきなのか。この問いは、何も２０１６年参院選で完結することではない。まだ始まったばかりなのである。

文科省・教委・学校当局による高校生の政治活動規制は、表現の自由・集会結社の自由、そして学習権の侵害であり、子どもの権利条約がその本質とする成長発達権の重大な侵害である。18歳選挙権の導入により選挙権年齢が引き下げられた訳である。法的に言えば、18歳で突然有権者となるのであるし、20歳でいきなり民法上の成年となるのである。しかし、それは学校教育をはじめとして、そこへと向かう成長発達が制度的にも保障されなければならないし、それが学習権である。

「大人」と「子ども」の政治活動の自由は同質なのか、という点について、筆者は異質である、と考えている。「大人」の表現の自由や集会結社の自由が「市民的自由権の行使」の問題であるのに対して、「子ども」のそれは同時に「成長発達権の保障」の問題であると考えるからだ。

そのように考えたとき、18歳選挙権として選挙権年齢を引き下げておきながら、校内外で高校生の政治活動を制限・禁止の対象とするのは明らかに誤った施策であり、滑稽である。高校生は時に過ちを犯すこともあるだろう。高校生の時の考えが大人になって変わることもあるだろう。それこそが成長発達というものである。しかし、その機会を奪ってしまえば、子どもは永遠に「良識ある公民」として育つことは出来ない。政治的教養を身につける、という点においては、大人になっても「子ども」のままなのである。これは屁理屈だろうか。

筆者は、全国高等学校ＰＴＡ連合会が言うように、「日本国民の多くは現在まで半世紀近くにわたって、政治的教養の基礎となる一部の限定的な知識を習得するだけで有権者となってきた」のだと考える。だから、こんなにも大人の世界でも政治がタブー視されるのではないか。本書共同執筆者の皆さんが言うように、政治とは「自分の」問題であるにも関わらず、それを語れなくなっているのが今日の日本の状況でなかろうか。

高校生が、身近な問題から国政に至るまで、大胆に声を上げられる社会となることを願うばかりである。

注1：https://www.minshin.or.jp/article/50081/ 文部科学

注2：http://www.jcp.or.jp/web_policy/2016/06/2016-sanin-bunya35.html

注3：http://www5.sdp.or.jp/policy/policy/other/images/160705youth.pdf

注4：自民党については https://special.jimin.jp/political_promise/bank/、公明党については http://www.komei.or.jp/campaign/sanin2016/policy/

注5：http://www.ehime-ben.or.jp/fsuslinf.php?ini=on

注6：http://hyogoben.or.jp/topics/iken/pdf/160628iken.pdf

注7：http://www.nichibenren.or.jp/var/rev0/0002/1982/opinion_160621.pdf

注8：https://www.facebook.com/teenssowl/

注9：https://www.youtube.com/watch?v=yzr1tDg9HZQ&feature=youtu.be

注10：http://www.zenkyo.biz/modules/zenkyo_torikumi/top.php

注11：https://www.facebook.com/events/1733395560275859/

注12：http://www.toben.or.jp/know/iinkai/children/news/post_25.html

注13：https://www.youtube.com/watch?v=U1w4I2i9Tu8
注14：http://www.kanaloco.jp/article/164655
注15：http://www.saga-s.co.jp/news/saga/10101/303452
注16：http://www.sankei.com/west/news/160502/wst1605020075-n1.html

第3章　私は、高校生の政治活動禁止をこう考える

言いたいことを言え、やりたいことをやれる世の中を目指して

宮武　嶺

「とりま、一緒に歩こうぜ」と高校生のデモ（2016年2月）

1、選挙権とは何か

２０１６年7月10日に行われる参議院選挙から、18歳以上の高校生に選挙権があたえられることになりました。

日本国憲法では選挙権について、まず、第15条1項で、

「公務員を選定し、及びこれを罷免することは、国民固有の権利である。」

と定め、国民の持つ重要な権利としています。

ただ、いわゆる有権者については年齢制限が必要だということで、同条3項で、

「公務員の選挙については、成年者による普通選挙を保障する。」

としました。

そして、国政選挙については改めて、国会の章にある第44条で、

「両議院の議員及びその選挙人の資格は、法律でこれを定める。但し、人種、信条、性別、社会的身分、門地、教育、財産又は収入によって差別してはならない。」

と定めています。

この「法律」が公職選挙法を指しており、今回この公職選挙法が改正されて、18歳以上の選挙権が実現したわけです。

以上でいう選挙権は有権者として投票することができる投票権のことであり、「立候補の自由」

と言われる被選挙権は含んでいません。

衆議院議員は25歳以上、参議院議員は30歳とされている今の被選挙権の年齢制限については、選挙権を引き下げたのだからこれらも下げるべきだという議論が始まっているところです。

なお、選挙権や被選挙権のことは基本的人権ではなく、「重要な権利」というのが普通です。

これは、選挙に行くことが単なる権利ではなく、有権者としての公務の面もあるからです。

2、政治活動の自由とは何か

(1) 政治活動の自由は表現の自由の一種で基本的人権

これに対して、政治活動の自由とは、憲法21条で保障される基本的人権である「表現の自由」の具体的な内容の１つであると考えられており、基本的人権です。

「1項　集会、結社及び言論、出版その他一切の表現の自由は、これを保障する。

2項　検閲は、これをしてはならない。通信の秘密は、これを侵してはならない。」

政治活動も一種の表現活動ですから、この表現の自由の１つとして保障されるわけです。

こうしてみると、選挙権と政治活動の自由は関係はあるけれども、規定されている条文も違い、性質も異なることがわかりますね。

ですから、選挙権は18歳以上に保障されるとしても、政治活動の自由は18歳未満の高校生、いや年齢にかかわらず誰にでも保障されるということになります。

したがって、18歳以上の選挙権を持つ高校生と選挙権がない中学・高校生で、政治活動の自由の内容については違いがないのが原則となりますが、選挙権を持っていることで、より政治活動の自由を制限することがより許されない、逆に言うと選挙権がない年齢の人の政治活動の自由は少し広い制限が認めやすいという議論はあり得るでしょう。

(2) 表現の自由の優越的地位

そして、一般に言論の自由と言われるこの表現の自由は、基本的人権の中でも「優越的な地位を占める」とされています。

これはどういうことかというと、他の人権にもましてデリケートな人権なので、これを制約する立法や行政行為が裁判上問題になったときには、裁判所により厳格な違憲審査基準で判断される、つまりは違憲となりやすいということです。

なぜかというと、第1に、表現の自由は民主政の過程に不可欠な権利だからということが言われます。

つまり、人々が政治的に言いたいことを自由に言え、情報を発信でき、それらの意見や情報を自由に受け取ることができて（知る権利。これも21条で保障されるとされています）、初めて人は自分の政治的意見を作り上げることができます。

その政治的意見をもとに選挙にもいくわけですが、この表現の自由が法律や行政で違憲状態にまで侵害されてしまうと、有権者の政治的意見も歪められてしまい、民意とかけ離れて、本来当選すべきでない国会議員が選挙で当選してしまうことになります。

このような違憲の制度で選ばれた国会議員たちは、表現の自由を違憲に侵害する法律などを元通りの合憲な状態に戻そうとは決してしないでしょう。なぜなら、違憲な制度下だからこそ自分は当選できたからです。

ですから、表現の自由を侵害するような立法・行政については是が非でも裁判所段階で違憲で無効だという判決を出さないといけないことになります。

このことを、憲法学では、表現の自由は民主政の過程に不可欠な権利であり、いったん瑕疵《かし》（傷のこと）があると、民主政の過程自体に瑕疵が生じるので、裁判所は厳格な違憲審査基準で判断する、というのです。

これを政治活動の自由で見ると、政治活動は表現の中でももっとも民主政治に重要で不可欠な言論・活動ですよね。

ですから、政治活動の自由を制約するような法律・行政については、裁判所は細心の注意を払わなければいけないことになります。

ちなみに、このように他の人権に比べて表現の自由を規制する立法・行政行為を裁判所が厳しい審査基準で判断できるのは、社会政策・経済政策などよりも表現の自由の規制の方が裁判所により判断しやすいからでもあります。

これは経済政策や社会政策で経済的な人権（営業権や財産権）の調整をする場合には、国会や内閣の方が判断材料も集めやすいし、判断能力も高い場合が多いので、役割分担として国会や内閣の裁量権を広くする、つまり裁判所の違憲審査基準を緩やかにした方がいいと言われています。

以上のように、表現の自由などの精神的自由権に優越的地位を認め、経済的自由権が制約される場合より違憲審査基準を厳しくする考え方を「二重の基準」の考え方と言います。

3、高校生の政治活動を学校に届け出る制度の問題点

（1）文科省の通知

高校生のデモ参加などの政治活動について、文部科学省は2016年1月29日、休日や放課後に校外での政治活動に参加する場合には、事前に学校に届け出させることを認める見解を示しました。

これに対して、各地の教育委員会では意見が分かれ、届け出制を導入するという教育委員会や学校も現れています。

ＮＨＫが２０１６年６月17日に報道したところによると、全国の都道府県と政令指定都市の教育委員会に取材した結果、愛媛県や青森県など、少なくとも５つの県の78の県立高校が学校外での政治活動を行う場合、生徒に事前の届け出を義務づける方針であることが分かりました。内訳は愛媛県内のすべての県立高校の59校、青森県内の15校、鹿児島県内の２校、鳥取県内の１校、熊本県内の１校でした。

これらの高校はＮＨＫの取材に対し、「選挙違反や暴力的な活動に巻き込まれないようにするため」とか、「初めてのことなのでどんな活動に参加するのか把握するべきと考えた」などと説明しています。

もともと、高校生の政治活動は１９６９年の旧文部省通知で全面的に禁止していました。詳しくはこの本の猪野亨弁護士の章を読んでほしいのですが、その頃は70年安保闘争と言って、日本中で激しい政治闘争が行われ、高校でも過激な活動があったため、そのような通知がある程度正当性を持っていました。

しかし、今回、選挙権年齢が18歳以上に引き下げられるのを受け、文科省は２０１５年10月、校外での政治活動を原則容認する通知を出し、方針を転換しました。

ただ、この通知の解釈について、自治体などからの問い合わせが多数寄せられ、文科省がこれに答えるため、Ｑ＆Ａを作成し、２０１６年１月29日には都道府県教育委員会の生徒指導担当者らを対象にした会議を文科省で開き、Ｑ＆Ａを配布したのです。

このQ＆Aによると、クエスチョンとして休日や放課後の校外での政治活動を届け出制にできるかとの問いに対し、文科省は各校で適切に判断するものとし、禁止はしない方針を示しました。これについて、文科省は「生徒の安全に配慮したり、政治活動に没頭して学業に支障が出ないようにしたりするなど、生徒指導上把握が必要なケースがあるため」と説明しています。

さらに、Q＆Aでは、放課後や休日も含めて校内での政治活動を全面的に禁止する校則をつくることは「不当ではない」としています。なぜなら、学校は教育活動のための施設であり、政治や私的活動を目的とした場所ではないからだというのです。

（2）高校生の政治活動を届け出制にする校則の違憲性①

思想良心の自由

文部科学省のQ＆Aを受けて、いくつかの都道府県の教育委員会では、高校生がデモや集会に参加する時には、学校に届け出させるように校則を変えることを決め、愛媛県などでは全高校がそのように校則を変える方針であることを公表しています。

このような高校生の政治活動を学校に届け出させる制度は合憲でしょうか。

もちろん、届け出制は単に集会やデモにいくことを学校に告げるだけですから、学校の許可を得なければ集会に行けないという許可制よりははるかに緩やかな規制です。

しかし、届け出制が高校生の人権を制限しないかというと、そんなことは決してありません。

たとえば、届出をしないで集会に参加すると、校則違反ということになりますから、なんらかの罰を受ける可能性があります。何度も繰り返せば、停学や退学という厳しい処分を受ける可能性もあります。

ですから、届け出制も高校生の基本的人権に対する制約になります。

まず、憲法第19条が定める思想良心の自由が制限されます。

「思想及び良心の自由は、これを侵してはならない。」

思想良心の自由は、人の人格の中心となるような大事な思想信条を侵されないという自由です。この人権は、内心の自由といいますが、これはどんな思想信条を持っているか、人に知られると、内心で自由に思想信条を持つことが脅かされます。自分の思想を人に知られるとそのことが原因で迫害を受ける可能性があるからです。

これを「沈黙の自由」といいます。

そして、どのデモや集会に行くか学校に知られるということは内心の思想信条を知られることです。

そうなると、デモや集会に参加することを学校に届け出させることは、生徒の思想良心の自由を侵害して違憲と言えそうです。

（3）高校生の政治活動を届け出制にする校則の違憲性②

政治活動の自由

前述したように、政治活動の自由もまた表現の自由の具体的な表れであり、これに対する規制が裁判になったときには、厳格な基準で違憲審査が行われます。

この基準は、要は必要最小限度の規制でないといけないということなのですが、学校はそもそも生徒の学校外での生活にはノータッチが原則なのですから、学校教育上の理由で、高校生の政治活動を届け出制にすることには合理性がなく、違憲の疑いが高いといえます。

政治活動を学校に届け出ることは、単に学校の部活動の対外試合を学校に届け出るのとは違うということです。

（4）昭和女子大事件最高裁判決について

もう40年も前の判決ですが、私立大学の学生が学校当局に届け出をしないで、ある法律に反対する署名活動をしたことが理由で退学処分になったのに対して、最高裁がこの退学処分を有効と認めた判決があります。

この事件で、退学処分の取り消しを求めた原告らは昭和女子大学3年生のときに、学生当局に届出をすることなく、数日にわたり政治的暴力行為防止法案（以下、政防法）反対請願の署名を収集していました。

この署名活動は、休憩時間や休み時間を利用したもので、このため原告が学業を放棄した訳ではありませんでした。

しかし、この行為は、昭和女子大学「生活要録」の中にある「学内外をとわず署名運動、投票……などしようとする時は事前に学生課に届出その指示を受けなければならない」という規定に違反するものでした。

これに対して最高裁は以下のように判断しました。

まず、昭和女子大が私立学校であることについて重視し、

「特に私立学校においては、建学の精神に基づく独自の伝統ないし校風と教育方針とによつて社会的存在意義が認められ、学生もそのような伝統ないし校風と教育方針のもとで教育を受けることを希望して当該大学に入学するものと考えられるのであるから、右の伝統ないし校風と教育方針を学則等において具体化し、これを実践することが当然認められるべきであり、学生としてもまた、当該大学において教育を受けるかぎり、かかる規律に服することを義務づけられるものといわなければならない。」

一言で言えば、私立大学には自分の所の校風を維持するという利益があり、入学する学生もその校風を承知で入学したのだろう、ということです。

さらに最高裁は学生の政治活動について、

「大学の学生は、その年令等からみて、一個の社会人として行動しうる面を有する者であり、政治的活動の自由はこのような社会人としての学生についても重要視されるべき法益であることは、

いうまでもない。

しかし、他方、学生の政治的活動を学校内外を問わず全く自由に放任するときは、あるいは学生が学業を疎《おろそ》かにし、あるいは学内における教育及び研究の環境を乱し、本人及び他の学生に対する教育目的の達成や研究の遂行をそこなう等大学の設置目的の実現を妨げるおそれがあるのであるから、大学当局がこれらの政治的活動に対してなんらかの規制を加えること自体は十分にその合理性を首肯《しゅこう》しうるところであるとともに、私立大学のなかでも、学生の勉学専念を特に重視しあるいは比較的保守的な校風を有する大学が、その教育方針に照らし学生の政治的活動はできるだけ制限するのが教育上適当であるとの見地から、学内及び学外における学生の政治的活動につきかなり広範な規律を及ぼすこととしても、これをもって直ちに社会通念上学生の自由に対する不合理な制限であるということはできない」

つまり、大学が学生の学業がおろそかにしないように規制する合理性があり、昭和女子大の校風からしても、届け出制は不合理とは言えないというものです。

この判例はもう40年も前の判例なので、今も裁判所がこの通り判決するとは限りませんが、重要な先例であることは間違いありません。

ただ、これは私立学校の教育の自主性を重んじた判例ですので、先に見たような公立高校が届け出制にするのが合理的とされるかどうかは全くわかりません。

公立高校に所属する方で、届け出制が採用されそうになった場合には、むしろそんな判例はないと積極的に学校内で仲間とも、先生たちともよく話し合ったらよいと思います。

もちろん私立学校でも、高校生の政治活動の自由は非常に重要な基本的人権で、これを制約する制度については裁判でも厳格な基準で違憲審査されると堂々と主張してくださいね。

4、高校生の校内での政治活動に対する制限について

そこで、今度は学校内における政治活動の自由についてです。

文科省は学校内における政治活動は原則として禁止することも許されるという立場です。

もちろん、校内でのことは学校教育に直接関係してきますが、校内での政治活動を一切禁止するという校則は、過度に生徒たちの人権を制限するもので許されません。

なぜなら、校内での政治活動でも、授業が終わった後の放課後とか、休み時間であれば授業に差し支えはありませんし、校内での政治活動もやり方次第では、学校の秩序を乱すこともないからです。

そもそも、この問題は18歳以上の高校生が主権者として選挙権を得るから、主権者教育が必要だということから始まったのです。

なのに、文科省と各地の教育委員会の動きは、高校生たちが主権者として自分の頭で考え、自

律的に行動するという教育と真っ向から反し、高校生たちの政治活動の自由をむしろこれまでより侵害する方向に動いています。

各教育現場で、校内での高校生の政治活動の自由を全面禁止するような校則には真っ向から反対すべきです。

5、まとめ

思想良心の自由や政治活動の自由は、選挙権が与えられるかどうかと無関係に保障される基本的人権です。

そして、これを規制する制約は厳格な基準で裁判所において違憲審査される「優越的な地位」を持つ人権です。

その際、本当に規制する必要があるのか、規制目的が正当かということも良く考えてみるべきです。

たとえば、そもそも学校外での行動を届け出たからと言って、学校が生徒の身の安全を図ることができるでしょうか。

また、校内で政治活動したからと言って、必ず学校の秩序を乱したり、学業がおろそかになったりするでしょうか。

文科省や教育委員会や学校は、一見、もっともらしい理屈で制限しようとしてくるわけですが、それが本当に合理的かどうか考え抜く力をつけるのも、これからの高校生に求められることなのではないかと思います。

18歳以上の選挙権という大改革が、彼らと周りの人間が成長する機会になることを切に願って、この項を終えたいと思います。

第４章　高校生の政治活動の自由を守るために

猪野　亨

京都でも高校生たちのデモが始まった（2016 年２月）

1、高校生の政治活動は自由が大原則

いよいよ18歳選挙権が実現し、政治の蚊帳の外に置かれていた若者が政治に直接、関与する機会が与えられた。若者たちは自分たちの政治的要求を投票という行動で表明する権利を得たということになる。

しかし、若者たちが政治的意思表明をするのは投票のみではない。自分たちが政治的な見解を外部に向かって表明することも重要なことである。

今時、18歳選挙権が認められたことをきっかけに文科省を中心に高校生の政治活動の自由を制約しようという動きがある。以前、文部省（当時）は69通達（1969年10月31日「高等学校における政治的教養と政治的活動について」）を出し、高校に対し、在学する高校生の政治活動（デモや集会に参加すること）を禁止するよう要請していた。しかし、これでは18歳選挙権を認めたことと矛盾してしまう。そこで、文科省は、学外に限って高校生の政治活動を「解禁」するという方針を打ち出し、「高等学校等における政治的教養の教育と高等学校等の生徒による政治的活動等について」を2015年10月29日に通達した。さらに教育委員会の中には愛媛県のように高校生が政治活動をするにあたって届出制を実施することを決めたところもある。

69通達は学外の政治活動の禁止も通達していたのであり、それが解禁された以上、今までよりはよくなったのかといえば、そうではない。むしろ事実上、死文化していた69通達による学内で

の政治活動の「禁止」が見事なまでに復活を果たすという結果をもたらした。しかも、愛媛県のように校則を変更してまでそれ以上に学外についても届出制にするという制約を科したことは、このまま放っておけば届出制という規制が全国に波及しかねない状況を示している。

もともと未成年者であろうと高校生であろうと政治活動の自由は憲法で保障された自由であり合理的な根拠なくこれを制約することは憲法違反である。

通常、未成年者であるが故に発達途上であることに鑑みて青少年保護の見地から成人が持つ自由であってもその制約を受けることがある。典型例が有害図書の閲覧制限などである。高校生であれば政治活動の自由が制限され、退学すれば制限が解かれるというのは明らかに高校生のための制約ではなく、高校生を管理する側の利益のための制約である。

2、政治活動の自由自体を制限する正当な理由はない

さて、この政治活動の自由という概念は選挙活動の自由を包含するものである。

選挙活動は特定の候補者の当選を目的とした活動であって、政治活動よりも狭い概念であるが、これは現行法上、有権者、つまり18歳以上に限定されている。選挙の公正という名目により未成年者が関与することは禁止されている。

他方で政治活動の自由は、18歳以上は当然として18歳未満であってもこれを制約すべき合理的な根拠を見出すことはできないし、禁止する法律もない。

高校に在学することによって学校管理下に置かれたとき、管理のための必要最小限の制約に服するのみである。具体的には授業の円滑な遂行と他の生徒との利益調整である。

しかし、制約を画策する側（文科省、教育委員会）はかつての学園紛争時代のことを念頭におき、あたかも政治活動＝暴徒であるかのような扱いである。これでは、あからさまに高校生による政治活動に対する敵視である。

学内であっても日常会話でスポーツの話をしたり、アイドルの話をしたりすることはよくて、支持政党について話すことが禁止されなければならない合理的な根拠を見出すことはできない。聞かされる生徒が嫌な思いをするということも全く根拠にはならない。話の内容によっては不快に思う生徒がいたとしても、それはどんな会話にもあり得る話であって内容によって禁止される理由はまったくない。

あくまで授業等を円滑に行い、在学生が勉学を行うにあたって、支障を及ぼさないようにするため必要最小限の制約に服するに過ぎない。

このように一律禁止など憲法の観点からも、また子どもの権利条約（子どもの意見表明権など）の観点からも許されない。

政治活動の自由を制約する合理的な根拠は、その態様を含めて現実には想定しづらい。

授業の妨害になることを禁止するのは、政治活動の自由に限らず、本来の制約の問題ではない。考え得るとすれば、方法（態様）に着目した校内におけるビラ配布やアジテーションであろうか。しかし、仮に制約自体が正当であったとしても、門前で登校する生徒に対して生徒が配布するのであれば全く問題はなく（学外ということにはなる）、他方で、他の部活やクラブでの文書配布が許されているのに政治活動の内容であれば制約するというのは問題であろう。配布の量や時間の問題はあるが、他の部活やクラブ活動と差をつけるのは問題が残る。また、新聞部が掲載する内容に対して、教員（顧問）が意見を述べることはあったとしても禁圧的な管理そのものを許容することにならない。

学内問題でも政治性を帯びるものはある。例えば、入学式、卒業式における君が代斉唱、日の丸掲揚の問題である。生徒がこれに疑問を持つことは当然にあり得ることだし、これに意見を述べれば政治活動に該当するとして禁止されるのでは、何も言うなと言っているようなものである。あるいは生徒会会長立候補に当たって、学校側に日の丸・君が代に反対することを公約にしたり、あるいは生徒会として取り組むこと自体も政治活動として禁止されることになりかねない。身近なことに問題意識を持つことは重要なことであるが、このような文科省、教育委員会の態度では、仮に「禁止」されていなくても、生徒は萎縮させられるだろうし、むしろこの点について文科省が沈黙しているという姿勢は、自ずと文科省、教育委員会、ひいて学校側が好ましくないものと考えていることは、はっきりと生徒に伝わってくる。

本来、高校生が政治に関心を持つ、それによって成長していくということは、多様な意見を述べ合い、お互いに考え合うからこそ、人は主権者として成長していくのに、それを禁圧するのは政治に興味を持てと言うこととは明らかに矛盾するものであり、教育的観点からも問題がある。

3、政治活動の自由と選挙活動の自由は別もの

ところで、この18歳選挙権が実現したことをもって文科省が学外の政治活動を「解禁」したことは意図的に政治活動の自由と選挙活動の自由をすり替えたのではないかと思われる。本来、政治活動の自由は高校生であろうと自由であり、ましてや学外であれば制約を正当化できる事情など全くなく、選挙活動の自由と軸を一にする形で「解禁」しているのは、極めて意図的と言わざるを得ない。

文科省としては18歳選挙権が実現されたときは高校生が現実に政治活動に目を向けるなどと考えてもいなかったのであろう。その点は政府与党も同様であったと思われる。

もともと高校生、大学生や若年層の政治活動が体制擁護に向かうことはほとんどないが、それは批判的精神こそが政治活動に目を向ける出発点であり、動機だからである。文科省をはじめ支配層は、現実の高校生がこのような批判的精神を持っているとは全く思ってもいなかったのであ

ろう。

ところが、18歳選挙権が実現されたときは想定されなかったことが起きた。２０１５年、安保関連法案に対する反対運動が学生、高校生の中にも広がったことである。政治的無関心と思われていた高校生まで反対運動に立ち上がったことは、支配層に大きな危機意識をもたらした。

そこで文科省は69通達という死文化していた通達を復活させ、一部は「解禁」という体裁はとりつつ、全体として高校生による政治活動を禁圧しようとした。

文科省の意向を察した一部の教育委員会が、高校生の学外での政治活動について事前に報告をさせることを実施したのである。

名目は高校生がトラブルに巻き込まれないようにするためとしているが、届出制を科すことによって高校生に政治活動に関与することを萎縮させることに目的があることは自明である。

しかも、文科省はQ＆Aを作成し、違反には懲戒の対象にもなることを示し、公職選挙法違反に対しては退学処分まで言及している。高校生であれば他の触法行為があったり、犯罪行為に至ってしまう場合があるが、だからといってすぐに退学処分としてよいわけではない。教育の場であり、まだ発達途上であることを考えれば一定の教育的な指導が必要である。政治活動といい選挙活動といい、これらに対する文科省側の強行な姿勢ばかりが目立ち、それ自体で高校生の政治活動を萎縮させるには充分な効果がある。

これでは学内での生徒の自主的な勉強会などが政治活動として禁圧される恐れを感じないわけ

にはいかない。時事問題の自主勉強会が政治活動ではないかとして、このような問題を扱わない方が無難ということになるし、ましてや特定の政党を支持する、支持しないということを口にするだけで政治活動ということにされかねず、生徒を萎縮させるには充分である。

4、届出制や禁止は憲法違反であること

このように萎縮させることを目的とした届出制であるが、政治活動の自由を不当に制約する点で、またその生徒の政治活動をしていること自体を届出させる点で思想良心の自由をあからさまに侵害するものであり、憲法違反である。

届出制ということになれば生徒は記名式で学校に報告するということになるが、特に学外の場合には学校側に知られたくないことも普通にある。思想・信条の自由によって保護されるべきものであるにも関わらず、自らの政治活動を報告させるのであるから、その内容を記載させなかったとしても政治活動をしていることを表明させている点で思想良心の自由の侵害である。ましてや内容についてまで報告させるのであればなおさらである。

しかも、このような届出制によって教育委員会側が言っている生徒のトラブル防止という目的を達成できるものではない。そもそも想定しているトラブルというのが意味がわからず（かつて

のような中核派、革マル派などの内ゲバを想定しているのであろうか。それとも生徒が公務執行妨害罪で逮捕されることを想定しているのであろうか。）、目的自体が不当であり、そこで意図されていることは単なる生徒の管理であり、それによって萎縮させることによる政治活動の禁止である。届出制という手段の合理性以前に目的において不当である。

文科省は、高等学校の教育目的の達成等の観点から必要かつ合理的な範囲内で制約を受けるとするが、その拠り所にしているのは麹町中学校内申書事件判決（最高裁１９８８年７月15日）と思われる。本事件は、中学生が学校を休んでデモなどに参加したことを内申に記載したため受験した高校を不合格になったことから学校側の処置の合憲性が問題になったものであるが、同事件で最高裁は、「中学校における教育環境に悪影響を及ぼし、学習効果の減殺等学習効果をあげる上において放置できない弊害を発生させる相当の蓋然性があるものということができるのであるから、かかる弊害を未然に防止するため、右のような行為をしないよう指導説得することはもちろん、前記生徒会規則において生徒の校内における文書の配付を学校当局の許可にかからしめ、その許可のない文書の配付を禁止することは、必要かつ合理的な範囲の制約であつて、憲法21条に違反するものでない」と述べたものである。

しかし、この１９８８年に出された最高裁判決が今の時代にそのまま維持されるかは疑問である。最高裁は２０１２年12月７日の判決で、勤務時間外である休日に、公務員であることを明らかにせず無言で共産党の機関紙を配布した行為が国家公務員による政治的行為を禁じた国家公務員法違反に問われた事件で高裁の無罪判決を支持し、事実上、１９６９年の猿払判決を変更した。時代の流れに沿った判決であり、このような流れからしても、麹町中学事件判決がそのまま維持されることにはならないし、ましてや中学生が対象となった事案であることからみても、先例として持ち出すのは誤りである。いずれにしても学園紛争が激しくなった時代の先例であり、現在、そのような兆候は全くなく、高校生の政治活動そのものを危険視することを前提としたような許可制や届出制によって高校生の政治活動の自由を制約する合理的根拠は見出すことはできない。

学外での政治活動の禁止についても、昭和女子大学事件判決（最高裁１９７４年7月19日）では、学生が学外で行った政治活動を理由に大学が退学にした処分を最高裁は有効とした。しかし、極めて不当な判決であり、これもまたこのままで維持されるような判決ではない。最高裁は、「学生の政治的活動を学《ママ》の内外を問わず全く自由に放任するときは、あるいは学生が学業を疎かにし、あるいは学内における教育及び研究の環境を乱し、本人及び他の学生に対する教育目的の達成や研究の遂行をそこなう等大学の設置目的の実現を妨げるおそれがある」と述べるが、理由として飛躍も甚だしく政治活動のあからさまな敵視である。現在の最高裁の判決の流れからいってもこの昭和女子大学事件判決が現時点で維持されることはないというべきである。

今後、特に私立高校において政治活動を校則で禁止するところも出てくるかもしれないが、少なくとも学外での政治活動を禁止することを正当化しうる事情は全くない。

文科省は、政治活動が学業に支障を来すのではないかということをことさらに取り上げている。

しかし、政治活動が「解禁」されるより以前から、一般的に生徒が学業に支障を来している事情が多々あり、ＳＮＳの夜遅くまでの利用や部活動優先の生活スタイルであったり（学校側による黙認）、他の問題は放置したまま、ことさら政治活動に結びつけるのは、その根底において高校生の政治活動を敵視しているからに他ならず、上記昭和女子大事件の最高裁判例と発想が全く同じである。

ところで文科省は、生徒に対する懲戒処分についても言及している。

正当な理由のない無断欠席に対して懲戒処分を有効とした三里塚闘争参加生徒停学退学処分事件判決（最高裁１９８３年４月21日）を根拠としてあげているが、現状で、三里塚闘争のような過激なデモ、集会は存在していない点で前提とする事例に無理があるばかりか、高校生が無断で欠席する事例は何も政治活動のためでなく、現状でも少なからずある中でことさら政治活動を理由とした無断欠席を懲戒対象となるというように取り上げるのは、あまりに意図的である。

確かに高校生が学校を欠席してデモ等に参加することは慎まなければならないが、本来はまず教育的指導の中で対処すべきものであり、それがいきなり懲戒問題として取り上げるところに文科省の姿勢が表れているのである。このような教育的配慮のない懲戒処分が無効であることは言うまでもない。

5、高校生の政治活動の自由を守るために

文科省、教育委員会は、高校生の政治活動の自由を制約することに並々ならぬ決意でいる。私たちは現在、将来の有権者である高校生の育成を考えて行かなければならない。

昨今、北海道苫小牧市では、教員が自らの勤務する高校で、有給休暇をとって校門の門前で安保関連法案に反対するビラを配布し、反対署名を求めるということがあった。やはり勤務先の生徒に対して活動するのは、世間の理解を得られるものではなく、かえって高校内での政治活動を禁止する口実にされかねない。私たちも高校生の政治活動に配慮した行動が求められているといえよう。

高校生が満足できるような現状であろうはずもなく、主権者として意見表明ができるようサポートすると同時に、それを妨害しようとする現与党勢力による策動を許さない闘いが求められている。

第5章「自前の社会づくり」としての政治と政治教育

生き方としての民主主義と主権者／主体者教育

菅間　正道

福岡での若者たちのデモ（2015年7月）

1、政治とは何か、政治教育・主権者教育とは何か

２０１５年の公職選挙法改定にともない、選挙権年齢が20歳以上から18歳以上に引き下げられ、２０１６年夏の参院選から「18歳選挙権」が施行されることとなった。このいわゆる「18歳選挙権問題」を起点として、メディアを含め、市民レベルでも「若者の政治参加をどのように進めるか」「政治的中立とは何か」などをめぐる議論が起きつつある(注1)。

なるほど、確かに深めるべき論点・問いは山積している。政治/政治教育とは何か、主権者教育とは何か、それらをめぐる現状や困難をどうとらえるのか。また、それにどのように対峙・切り込んでいけばいいのか——。

本稿では、これらいくつかの理論的・実践的課題・問いと向き合いながら、筆者自身の試行錯誤、拙い実践を交え、あるべき「主権者教育・政治教育」について考察を加えてみたいと思う。

まず、政治参加、政治教育などのことばがあるが、そもそも〝政治〟とは一体何なのか。どういう営みを指すのであろうか。例えば、「政治とは何か」「政治にどういうイメージを持つか」と問えば、怖いもの、腐敗、偏っている、難しくてよくわからない等、なるべくなら関わりたくないとか、あるいは権力闘争、金権政治、権謀術数などの答えが返ってくるだろう。人との会話において、宗教と政治はタブーという感覚も広く浸透しているようにも思われる。はたまた「あの人は政治的」というようなニュアンスは、褒められているような語感はない。ことほどさように、

政治、政治的ということばに　ポジティヴな意味合い、イメージを持つことが難しいのである。「政治」の定義としては、辞書的、教科書的には「集団における秩序統一・形成作用」というような言い方になるのだろう。けれど、これもわかるようでよくわからない。私は、政治学を体系的に学んできたものではないが、政治学者の「定説はない」という説明を聞いたことがある。しかし、これでは自己納得は得られないし、生徒たちに「政治について考えよう／語ろう」という呼びかけはできない。

私はいつの頃からか、政治や公共性を「自前の社会づくり」と表現してきた。これは「お任せの国づくり」の反対語である。この「自前の社会づくり」という言葉が先にあったのだが、管見の限りでも、１つ２つ、この「私なりの定義」を補強してくれる、得心のいくとらえ方もあり、それが自分の「政治の定義」にはっきりとした輪郭を与える補助線の役割を果たしてくれる。

ひとつは、丸山眞男の「政治とは、権力によって、紛争状況の解決をはかること」ということばである。丸山は、C (Confrict) →P (Power) →S (Solution) というモデルを用い、「紛争→権力→解決」という道筋を描く（注２）。丸山によれば、一旦解決されたかに見える紛争状況は新たな問題を生み、それは永続していくという。

もうひとつは、ハンナ・アーレントの政治についてのとらえ方である。アーレントの学説は難解で、理解は一筋縄ではいかない。彼女の翻訳をいくつか手がけ、アーレント研究の第一人者である哲学者・佐藤和夫によれば、アーレントは政治をこうとらえたという（注３）。それは「さまざまな違いを基礎にしつつも、共通の課題を作り上げながら共同する営み」であると。アーレントにとっては、政治を語るうえで「複数性」「様々な異なるもの」が鍵概念となる。

丸山やアーレントの説を援用しながら、政治をこう定義してみたい。私たちの暮らす社会・世界を、もう少し「まっとうなもの」「人間らしいもの」にしていく営み、それを「おまかせ」ではなくて、「自分(たち)」でおこなう、「自前の社会づくり／世界づくり」、それが「政治」なのだ、と。他者とともに問題を解決し、新しい世界を立ち上げること、それに関与する作業が「政治」なのだと。それゆえ、そういう市民の形成を意図的におこなうことを「政治教育」といい、それは「主権者教育」「シティズンシップ（市民性）教育」と同義である、と。

注1：「18歳選挙権・主権者教育」をめぐる全体状況については、たとえば、佐貫浩編『18歳選挙権時代の主権者教育を創る・憲法を自分の力に』（新日本出版社）、渡部淳「主権者教育とは何か」『世界』２０１６年５月号など。

注2：丸山眞男「政治の世界」『政治の世界　他十編』（岩波文庫）

注3：佐藤和夫「新しい『政治』の可能性とポストマルクス主義」『季論21』15年秋号

2、政治／政治教育をめぐる3つの困難「他者と出会えない」状況

では、政治を「自前の社会づくり」と定義したうえで、「政治教育」「主権者教育」をおこなう上で、いかなる困難や課題があるのだろうか。政治を考えるうえで、「他者との出会いと対話」は欠かせない。以下、この点から考えてみたい。

政治教育／主権者教育を主に担うであろう社会科に限らず、依然として学校現場における「教育の成り立ち難さ」は困難を極めている。さしあたり３つの困難をあげたいと思う。

第１に、一向低減する兆しの見えない「学力狂騒・狂走」状況がある。全国一斉学力テストが再起動しつつあるなかで、厳として「正解（暗記）主義」の教育がメインストリームを占拠している。学ぶとは、「正解」を「暗記する」ことであり、その学校知の多寡がそのまま「学力」の指標となっている。

高校教育現場では、公私問わず「進学実績」に血道をあげる路線はとどまるところを知らない。生徒は互いに競争させられ、教師は互いに競争させられ、学校は互いに競争させられ、その成果は、そのまま学校の存続と発展と直結している。

私の知人で、ある県内私立高校に勤務する教師・M氏はこう嘆く。「うちの学校のスローガンは、〝考えるな、覚えよ〟というものなんです。教師も生徒も考えたら、怒られるんです。本当におかしいですよ」と。一方、このような私学を仮想敵にする公立高校の「受験校」化もまた加速している。「私学の自己努力を見よ。ボヤボヤしていると、私学に全ての生徒をもっていかれるぞ」と、教職員を叱咤・鼓舞する。このような４Ｋ（競争・管理・効率性・孤立）路線のこの怒涛のようながれは、押しとどめようもない。

第2に、「学力競争」とは異なるレベルで、いわばアイデンティティレースとコミュニティ形成をめぐる問題がある。歴史学習については、しばしば近現代以前で終わってしまうという嘆き節が指摘される。公民・現代社会学習では、知識としては「人権」「政治制度」を学ぶ。がしかし、よしんば日本の近現代史の学習まで到達したにしても、10年に1度の侵略と膨張についての学習内容が「遠い戦争」であり、実は生徒の「足元の戦場」「親密圏における暴力・迫害」の問題の方が切迫しており、「人権」は教室の前では「立ちすくむ」という問題である。

いじめ・迫害は、現在でも「教育の問題」の筆頭に挙げられ、それらを裏打ちする事実として、現在の子どもたちの交わり・関係性のありようを示す、多くのネガティブな「ことば」「名づけ」が存在する（KY・友だち地獄・友だち幻想・スクールカーストなど）。

このことにかかわって、印象深いエピソードがある。壮絶ないじめ体験をくぐり抜けてきた、作家であり、プレカリアート運動活動家・雨宮処凛の述懐である。

「右翼に入りたてのころに初めて知ったんですが、日教組の人たちが『教え子を再び戦場に送るな』というスローガンを掲げて活動しているということを知って、びっくりしたんですね。私は、自分たちのあの中学時代こそが戦場だと思っていて、実際にかなりの犠牲者が出ている。（中略）そこには目を向けることなく、『戦場に送るな』と言っている。すごく矛盾を感じましたね。(注4)」と。

つまり、彼女に言わせれば、教室の、日々のいじめにさらされること、そのことそのものが「戦場」

「戦争」を生きていることに他ならないのだ、ということである。この経験や感覚を、私たちがどこまで想像・共有できるかが問われている。ことほどさように、過剰な気遣いと配慮、「地雷」が埋め込まれた教室空間で、「安心・安全」とほど遠い状況下、子どもたちは、日々「戦場」を辛うじて「生き延びて／生き凌いでいる」のである。教室や親密圏における「政治（権力）」には敏感にならざるを得ない。この場合、「政治（権力）」はどこに偏在し、どうすれば自分の身を守れるか、という「政治感覚」の研磨である。この現実に「政治教育」「主権者教育」はどう関与できているのであろうか。全く無関係と言っても過言ではあるまい。

第3には、上からと下からの教育現場への「政治介入」攻撃と挟撃がある。上からは、「18歳選挙権導入」と同時に、「政治的中立」を錦の御旗にして、右派的政治家と右派的メディアの結託による、つるし上げ的な攻撃が相次ぎ、現場介入が強められている。また下からは、これらに呼応するように、ネット環境の広がり（ネット右翼）や社会的閉塞状況を土台にした「歴史修正主義」的言説の広がりがある。上からと下からの「ヘイトスピーチ」である。おそらく現場では、何らかのかたちで「調べ学習」を提起しているだろう。しかし、近現代史学習におけるそれ、つまりネットでの「調べ学習」は、一面で「ネトウヨ」的言説との出会いの場と化している。

この類の言説の広まりによる、現場の委縮と消耗の事例はこと欠かない。「2ちゃんねるに『左翼教師』と書かれている。生徒の誰が書いているかわからないが」と苦笑しつつ語った都内に勤務する知人教師のＴ氏。韓国への修学旅行を報告したＨＰのある場面を恣意的に「高校生を土下座をさせた」ととらえ、延々とネットに書きこむ動きがある、ということを教えてくれたA氏。「弱いものがさらに弱いものをたたく」抑圧移譲、あるいは攻撃は最大の防御とばかりに、他者消去による「自己存在証明」など、他者や世界との否定的関係・被抑圧的経験との相関を容易に見てとれるのは私一人ではあるまい。ここでも、ネガティブな恰好で「政治的」な動き・ふるまいを学習している状況が進行している。

以上の3つに加えて、長らく指摘されてきた、日本の中等教育の標準的な学習シーンの問題も一向変わっていない。それは、「3S問題」とも言われ、3Sとは、〈Sleep（居眠り）、Smile（指されたときの苦笑い）、Silent（沈黙）〉の3つを指す。あるいは〈チョーク&トーク〉などと指摘され、教師の説明を聞き、板書をノートに写すことで授業が終わり、他者の声を聴き取ったり、自分の声・意見を発したりする機会が少ないことを言う。「他者と出会い、対話する」契機を見つけるのが困難な事象を挙げるのには事欠かない。

さらに、急いで「行政圧力」の問題を付け加えねばならない。18選挙権自体は歓迎すべきものだが、今回の改定は、いかにも政府の「上から目線」「ご都合主義」の観が否めない。というのも、政府・与党は長らく学校現場から主権者・政治主体を育む営みを系統的、徹底的に敵視し排除してきたからだ（注5）。

1969年の文部省（当時）によって出された「高校生の政治活動全面禁止通達」、いわゆる「69通達」によって、教育現場から「政治活動・政治教育」の自由が奪われ、高校生たちが「政治的文盲」状態におかれてきた。また、「おかれてきた」と過去形で済む事態ではない。新しい文科省の通知「15通知」の効果により、いわゆる「届け出」制が多くの自治体で認められている事態となっている。「投票はせよ、されど政治活動はするな」である。権力の掌の上での範囲での「許可制」の政治への関与である。

なお、言うまでもなく、この「69通達」「15通知」は、日本国憲法19条「思想・良心の自由」、21条「集会・結社・表現の自由」あるいは子どもの権利条約13条「表現の自由」、15条「集会・結社の自由」に真っ向から抵触する。教育基本法においても「政治的教養は、教育上尊重されなければならない（14条）」のだ。市民的・政治的自由によって認められているように、生徒による政治活動は原則自由である。しかし、これらの通達がまかり通ってしまっている。

むろん、この社会的・文化的背景には公職選挙法に見られるように、政治に「知らしむべからず、寄らしむべからず」というものがあり、「べからず集」「禁止集」が通ってしまう「社会のありよう」「市民社会の未成熟」がある。

この、社会にも、社会を学ぶ学習の中にある「民主主義不在」状況下では、現実政治への関わり（コミットメント）を教わることがないのは当たり前ともいえる。

平塚眞樹は、このような文脈の中で、「社会なき社会化」と言った。（注６）平塚の言い方に倣っていえば、「政治なき政治（主体）化」とも言いうる状況の中で、若者・高校生たちは、「18歳選挙権」を与えられたのである。別稿で平塚はこうも言っている。（注７）「人は、その育ちの過程でさまざまなことを経験し、学習する。（中略）『社会を変えるための実践』に参加しない主体もまた形成されうる」のだと。

注4：『貧困と愛国』雨宮処凛・佐高信（毎日新聞社）
注5：詳しくは久保友仁他編『問う！　高校生の政治活動禁止』（社会批評社）
注6：平塚眞樹「次代をひらくシティズンの形成」『ニート・フリーターと教育』（明石書店）
注7：平塚眞樹「『権利主体』までの長い道のり　社会を変えるための実践に参加する前提条件」『そろそろ「社会運動」の話をしよう』（明石書店）

3、教室の中と外をつないで――参加の「三層構造」

他者と出会い、対話し、相互交渉をし、合意形成をはかり、世界を変える――。このようなポジティヴな「政治」把握とはほど遠い地点で、「見ざる」「言わざる」「聞かざる」「関わらざる」状態にとめおかれている高校生のありようを見てきた。とはいえ、嘆いてばかりもいられない。では、一体どのような切り口で、政治教育・主権者教育を「(再)構築」していけばいいのか。

政治に「参加」「関与」は不可欠の概念である。かねてから私は、生徒による「参加の三層構造」という言い方をしてきた（注8）。三層とは「第1の層　授業参加／授業づくり」「第2の層　学校参加

／学校づくり」「第3の層　社会参加／社会づくり」を指す。併せて、それらの層を串刺しにしながら、それぞれの位相が関連しあい、ゆたかにしつつ、「(政治) 主体の形成を」と主張してきた。以下では、「第1の層　授業参加／授業づくり」を私の実践を中心に紹介しつつ、「参加の三層構造」から「政治参加／政治教育／主権者教育」にアプローチしてみたい。

実践の紹介の前に、その土台部分についてひとことふれたい。私は、高校という、アイデンティティ形成のただなかにある彼らとの学びにとって、2つの「あい」がとても重要な要素をもっていると考えている。

1つは、学びあい、支えあい、聴きあい、かかわりあい、活かしあい……の「あい」である。ともに「〜しあう」相互交渉と互恵の関係である。もう1つの「あい」は、〈I＝私〉、一人称の「あい」である。その他大勢に埋め込まれない、かけがえのない〈私〉という一人称が立ち上がっているのかどうか。音声言語やそれを支えるゆたかな内言によって、〈私〉のことばが紡ぎだされ、それが誰かに受け止められ、応答関係が教室のあちこちに張りめぐらされていく。その網の目が公共圏／交響圏となっていくならば、ほんの少し安心・安全な空間となり、「自己」と自己と異なる「他者」との関係が蘇生される契機となる。言い換えれば、それは差異を通じて、ともにあることを確認していく作業でもある。一人ひとりの差異を認め合いながら、共通性をつくりだしていく。いわば「教室からの民主主義づくり」とも言いうるものである。「学び」を軸に、「教科教育」を梃子に、高校教育の現場で、このような試みが積極果敢におこなわれている。私は、私の担当教科である社会科を足場に、自分づくりと社会づくりを架橋するようなとりくみへの模索と挑戦を続けているつもりである。

歴史の授業であれ、現代社会／政治・経済の授業であれ、一人ひとりの個が浮かび上がりつつ、他者との関係、世界の見え方に変化をもたらすような学びづくりに日々腐心している。この閉塞感漂う世界において、予定調和の物語には、高校生は身を乗り出さない。知的好奇心を喚起し、「この世界をどう見るのか」「この世界でどう生きればいいのか」という、根源的な問いに突き刺さるような学びをつくりださねばならない。

日々の教室における学習活動において「思考」「判断」「表現」「意見交流」のある学びの場を創ろう、という試みをいくつかあげたいと思う。

まずは歴史の授業から。テーマは、アジア・太平洋戦争末期の沖縄戦。読谷村のチビチリガマ（自然壕）で起きたことは一体何だったのか。私は、入手できる限られた資料から、事件の「名づけ」に迫る授業を試みた（注9）。名づけとは、認識そのものであり、教室の生徒一人ひとりの世界の見え方が提示される。どの名づけが相応しいのかをともに深めあう作業は、誰もがかけがえのない歴史の捜査官であり、綴り手となった。

また、世界史の一場面では、ナチス政権成立後のユダヤ人迫害の過程を取り上げ、「もし、あなたの友人がユダヤ人だったら、交流を続けるか、それとも断つか」という思考実験を促した（注10）。政治・経済の中心は憲法学習となる。これを条文や制度の暗記主義から、いかに「議論し、対話する」学習に転換できるのか。昨年、ここ数年の選択講座「政治・経済」のなかでの取り組みを著作にまとめた[注11]。

いずれも、ひとまとまりの事実を提示した後に、「一人称的知（汐見稔幸）＝私はこうみる、こう考える」という声を交流・交響させる授業となる。ここでは、誰もがかけがえのない存在となり、一人ひとりの差異と実存が浮かび上がる。あらかじめ決まりきった正解はないが、かといって「何でもあり」でもない「解なき会の快」を味わう、未決の問いに真摯に向き合う瞬間が生まれることがある。その時には、集団で１つのこと（＝切実な争点・論点）を学ぶ意義は確かに存在すると思うのである。

また、リアルな時事問題を教室に持ち込み、「面白そうだ」「やってみよう」という思わせる課題提起によっては、高校生は社会的・政治的争点に迫ることができる。私は、選択授業「政治・経済演習」のなかで、国政選挙がある際、「政治家への手紙」という課題を提起している。２０１３年夏の参院選に際しても、受講生にこの課題を提起した[注12]。受講生での「原発再稼働」「ＴＰＰ参加問題」「歴史認識」という共通質問に加え、個人の質問を記して、手紙やメイルで、各政党・各候補者に生徒一人ひとりの問いと声を届けた。

このなかで、受講生のある生徒は、「沖縄・辺野古の新基地建設の是非」をめぐって、さらにたくさんの国会議員に手紙を出したい、と言いだした。こういう嬉しい「想定外」の生徒の行動にふれるとき、教師の仕事の醍醐味と使命を再認識するのである。

一方で、社会科の教員には、政府の言う「政治的中立」とは別次元で、「押しつけ」「誘導」など、留意しなくてはならない問題がある。自らの「政治の授業」における「授業の政治」にセンシティブでなくてはならない。私も、自分の授業を受講生たちに批評してもらったことがあるが、(注13)これはこれで問い続けねばならない課題である。

注8：拙稿「シンポジウム　自由で個性的な私学のいま」『教育』2006年11月号（国土社）及び拙稿「高校生が社会をつくり、社会が高校生をつくる」『新しい高校教育をつくる』（新日本出版社）2014年

注9：拙稿「授業記録・沖縄戦『集団自決』を考える―チビチリガマで何が起こったのか」『教育』（国土社）2009年6月号

注10：拙稿「あなたならどうする？　ナチスのユダヤ人迫害を考える授業」『教育』（国土社）2006年1月号

注11：拙著『はじめて学ぶ憲法教室』1～4巻（新日本出版社）

注12：拙稿「政治的リテラシーを育むささやかな試み　政治家への手紙」『民主主義教育21 Vol.4　政治参加と主権者教育』（同時代社）

注13：「僕の政治の授業はどうだったろうか」『18歳選挙権時代の主権者教育を創る・憲法を自分たちの力に』佐貫浩編（新日本出版社）

おわりに

「18歳選挙権問題」に、政治／政治教育を閉じ込めない――「投票すること／選ぶこと」と「社会／世界をつくること」

この間のメディアの報道で、周知の事実となったが、「18歳選挙権」は世界の国々の90％で実施されている。OECD加盟国のなかで、18歳選挙権でなかったのは、日本と韓国（19歳）だけである。為政者による経過や意図に疑念はありつつも、基本的には、攻勢的に受け止め、まっとうな社会づくりにつなげていきたい。これも、日本に限らないが、世界では、経済の停滞、政治の機能不全、民主主義運動の台頭など、危機と岐路が顕在化している。この動きやながれに掉さす主体形成の重要性は言うまでもない。声をあげられる社会をもっと押し広げ、若者の社会参加をねばり強く持続・拡大させていく……。これも言わずもがなであるが、若者、青年にとって「当事者性」が強い問題は山積している。平和の問題、学費の問題、ブラックバイト、ブラック企業などの雇用、就職問題など。

「言いたいこと」は何か。「創りたい世界」はどのようなものか。それを他者と共有する基礎経験を積み重ねながら、「政治的な主体性」を育むことが肝要である。すべての教科教育、学校教育のベース（通奏低音）として、主権者教育が座るべきである。その主権者性は、主体者教育、主体性教育と言い換えても良い。そう考えれば、主権者教育／主体者教育は、決して18歳選挙／

投票問題に回収されるものではない。

最後の最後に、今一度強調しておきたい。「社会／世界をつくること」ことが政治であること、そして、その理想を語ることをあきらめないこと。日々、ミクロの政治からマクロまで、「生き方としての民主主義」を貫くこと、その声を上げるための「発声練習（首都圏青年ユニオン委員長神部紅）」をあらゆる場面でおこなうこと。この愚直な積み重ねの中から、次代を担う新しい政治的主体が育つことを信じたい。

第6章　表現の自由の意義と規制の諸類型

石埼　学

「憲法9条を守れ」と訴える101歳のむのたけじさん（2016年5月、東京）

はじめに

日本国憲法21条1項は表現の自由を保障しているが、もちろんそれは無制約ではない。いくら表現であっても例えば他人の人格権を不当に侵害するもの（例えば名誉毀損を内容とする表現）には刑事罰が科せられ（刑法230条）、不法行為責任に基づく損害賠償請求の対象にもなる（民法710条）。後でやや詳しく説明するが、刑法230条の2が名誉毀損表現であっても刑事罰を科されない場合を周到に規定しており、例えば政治家に対する批判を封じるために名誉毀損罪が濫用されないようになっているので、名誉毀損表現が規制されることを憲法21条1項に違反すると考える人は、憲法学者も含めて皆無であろう。

ようやく18歳選挙権（公職選挙で投票する権利）が実現し、高校生も含む若い人の政治参加が保障されるようになった。公職選挙でどの候補者ないし政党に投票するかを決めるにあたっては、さまざまな意見や情報に接し、また自らも意見や情報を発信して他人とコミュニケートすることが望ましい。そういうコミュニケーションをするためにも表現の自由の保障は不可欠である。若い人も含む市民がコミュニケートする際にやってはいけないこと（他人の名誉を不当に侵害してはいけないとか、他人の所有する家屋に勝手にポスターを貼りつけてはならないとか）を丁寧に説明したいところである。

しかし、残念ながら、法についての知識がなくても常識的に考えて「やってはいけない」と判断することが可能であろうそのような限界の他に、日本では、さまざまな法令が、表現の自由に厳しい規制をしており、それらの中には決して少なくない憲法学者や弁護士などの専門家が「そんな規制は不要であるし、憲法21条1項違反だ」と考える規制も少なからず存在している。

国家公務員や地方公務員の政治活動は厳しく制約されている。公立の学校の教員もそうだ。裁判官も然りだ。２０１５年10月までは高校生にも厳しい制約があった。これらは、公務員などの身分に着目しての規制である。

また、たとえそこが駅前広場であっても鉄道会社の所有地では許可なく表現活動ができないとされている。デモ行進をするには所轄の警察署長の許可を得なければならない。公園で集会を開催する場合は公園の管理者（多くの場合は地方公共団体）の許可を得る必要がある。これらは、場所に着目しての規制である。集合住宅で昼間に平穏にビラ配布をしていた市民が住居侵入罪で逮捕・起訴され、有罪判決が確定した事件まである（立川反戦ビラ事件。詳しくは、拙著『憲法状況の現在を観る』社会批評社）。同事件の最高裁判決（平成20年4月11日刑集62巻5号１２１７頁）は、日本では広く行われている集合住宅の敷地や共用部分に立ち入っての平穏なビラ配布という表現活動よりも、集合住宅（この事件では防衛庁の官舎）の管理権者（わかりやすく言えば大家さん）の管理権や住人の「私生活の平穏」のほうを重視したのである。念のために言えば、この事件でのビラ配布は、ビラの内容について意見を異にする住人や不快に思う住人がいたとは考えられるが、それ以外の点で住人の「私生活の平穏」を侵害するようなものではなかった。ひとえにビラの内容が自衛隊のイラク派遣に反対するものであったことが問題視されたと言わざるを得ない。本稿では、さまざまな表現の自由に対する規制を取り上げるが、この事件のように、それ自体が表現の自由の規制に適用されるとは想定されてない法律が特定の表現内容を狙い撃ちにして恣意的に適用されるケースが日本では散見されるのだ。

そしてまた、特定の候補者や政党への投票を他人に依頼する選挙運動には、なんとやってはいけないことのほうが多いとしか言いようのない程に厳しい規制がある。ネット選挙が解禁されたというが、原則メールで友人・知人に対して選挙運動をすることはできない。Facebook、LINEなどのSNSやブログなどでの選挙運動は可能だが、選挙運動期間前や投票日にはやってはいけない。これは、名誉毀損と同じく表現の内容に着目した規制である。

さらには、テレビ局などの放送事業者には政治的中立性が求められており、最近、放送事業を管轄する高市早苗総務大臣が、ある放送局が全体として政治的に中立であっても、そのうちのある特定の番組が政治的に中立性を欠いている場合には電波停止という処分をすることもありうると発言して物議を醸している。これは、身分でも場所でも内容でもなく放送のもつ特殊性に着目した規制である。

繰り返して述べておくが、これらの規制の中には憲法21条1項違反であると考えざるを得ないものも少なからず含まれている。それらの中には他の自由主義国家には存在しないような規制も存在し、それらについて説明するだけで、読者のみなさんが意気消沈してしまうのではないかと思うほどである。表現の自由を規制する法令について最高裁判所が憲法21条1項違反だと判断したことは一度もないという情報をここで追加すると読者のみなさんは、もはや意気消沈を通り越して、この国では、とくに政治的表現をすることは望ましくないことなのではないか、政治的表現をすることを私たち市民は期待されてないのではないかと思ってしまうのではないか、と私は危惧する。

そんなことはないのであり、そういう状況だからこそ、まさに政治的表現をすることによって政治を変え、日本国憲法が定めているとおりの自由で民主的な国家社会を私たち一人ひとりの市民がこれから作り上げねばならないのである。

以下では、これらの表現の自由の規制を、身分に着目した規制、場所に着目した規制、内容に着目した規制、放送の特殊性などその他の理由による規制に分けて、説明していく。

しかし、それに先立って、なぜ憲法21条1項は表現の自由を保障しているのか、その意義を説明し、それに対する規制が憲法違反ではないかどうかを考える際の基本的な知識の説明もしておこう。なお本書の趣旨を踏まえて、ここでは主として政治的表現を念頭において、以下で説明する。

1、表現の自由の意義

憲法21条1項は、政治的表現に限らず、さまざまな内容や方法の表現活動を広く保障している。また同条2項は、社会に出回る前の表現物を行政機関が「検閲」することを絶対的に禁止している。

このように憲法が表現の自由を保障しているのは、個人が他者のさまざまな表現に接し、また自ら表現することによって自らの考え方などを形成していくことを望ましいとする自由主義を採用しているからであり、さらにそうした個人相互の自由なコミュニケーションによってこそ憲法の採用する議会制民主主義はよりよく機能するからである。

表現の自由には、思想の表現だけではなく、「国民の知る権利」に奉仕するものとしての事実の報道の自由やその前提となる取材の自由も含まれることは最高裁も認めている（最大決昭和44年11月26日、刑集23巻11号１４９０頁）。２０１３年に制定された特定秘密保護法（平成25年法律１０８号）は、個人の知る権利（行政機関の保有する情報を摂取する権利）や報道の自由や取材の自由を強く規制しうる法律であるとの強い批判があるが、市民の表現を直接に規制するものではないので本稿では取り上げない（同法については、明日の自由を守る若手弁護士の会『これでわかった！　超訳　特定秘密保護法』岩波書店、２０１４年を参照）。

さらに憲法21条1項は、集会の自由や動く集会としてのデモ行進等の自由も保障している。最高裁も、「現代民主主義社会においては、集会は、国民が様々な意見や情報等に接することにより自己の思想や人格を形成、発展させ、また、相互に意見や情報等を伝達、交流する場として必要であり、さらに、対外的に意見を表明するための有効な手段であるから、憲法21条1項の保障する集会の自由は、民主主義社会における重要な基本的人権の一つとして特に尊重されなければならないものである」（最判平成4年7月1日、民集46巻5号1425頁）としている。

要するに、憲法21条1項は、さまざまな方法での表現の自由を幅広く保障しているのである。政治的表現についていていえば、「民主主義社会」の基礎をなすものとして「特に尊重されなければならない」ことは、少なくとも一般論としては、憲法学説上も最高裁判例上も認められているのである。

問題は、政治的表現が特に尊重されなければならないにもかかわらず、具体的場面では、さまざまな理由でそれが強く規制されていることである。その規制の理由は、身分、場所、内容、その他に分類できるであろう。そこで次にこうした理由ごとに表現の自由を規制する法令等を説明しよう。

2、表現の自由に対する規制

(1) 身分

①公務員

身分を理由とする政治的表現の自由の規制としては、国家公務員（国家公務員法１０２条1項および人事院規則14ｰ7）、地方公務員（地方公務員法36条）、裁判官（裁判所法52条1号）、教育公務員（教育公務員特例法18条）があり、公務員という身分に着目した規制がなされている。それぞれの法律により規制されている政治的表現の範囲や違反に対するペナルティ（刑事罰か懲戒か）は異なる。

たとえば、教育公務員特例法は、「学校の教育公務員の政治的行為の制限については、当分の間、地方公務員法第36条の規定にかかわらず、国家公務員の例による」（18条1項）として、教育公務員に禁止される政治的行為を国家公務員法１０２条1項およびそれを具体化した人事院規則14ｰ7と同じとしている。ただし、「前項の規定は、政治的行為の制限に違反した者の処罰につき国家公務員法（昭和22年法律第１２０号）第１１０条第1項の例による趣旨を含むものと解してはならない」（18条2項）としており、政治的行為の禁止に違反した教育公務員の場合は、刑事罰は科されない（懲戒事由になる）。

これらの規制の根拠は、大雑把にいえば行政や司法に携わる公務員の職務遂行の政治的中立性の確保である。ただし教育公務員特例法18条の規制は、未成熟な生徒・児童に対して教員が強い指導力・感化力を有することが理由とされているようだ（『新基本法コンメンタール　教育関係法』別冊法学セミナー２３７号、２０１５年、３３２～３３３頁）。これらの規制のうちでも最も包括的な規制であり、かつ違反に対して刑事罰が科される国家公務員の政治的表現の規制の合憲性が争われた訴訟を紹介しよう。

社会保険事務所の年金審査官であったXは、勤務時間外に職場とは遠い自宅近くで政党（日本共産党）の機関紙等を複数回にわたって各戸配布した。この行為が国家公務員法１０２条１項、人事院規則14－7の禁止する「政治的行為」に該当するとして起訴された。

この刑事事件で最高裁は次のような判断をした（最判平成24年12月7日、刑集66巻12号１３３７頁）。まず、国公法１０２条1項の立法目的は、「行政の中立的運営を確保し、これに対する国民の信頼を確保する」ことであり、このような規制の目的は、「議会制民主主義に基づく統治機構の仕組みを定める憲法の要請にかなう国民全体の重要な利益」の保護であるから「合理的であり正当」であり、規制手段も「必要やむを得ない限度にとどまり、前記の目的を達成するために必要かつ合理的な範囲内」のものであるから憲法21条1項に違反しないという。

ただしこの判決は、同条項で禁止される「政治的行為」を「公務員の職務の遂行の政治的中立性を損なうおそれが、観念的なものにとどまらず、現実的に起こり得るものとして実質的に認められるもの」であると限定解釈した（法文の意味を狭くする法解釈）。そしてそのような意味での「政治的行為」に該当するか否かは「当該公務員の地位、その職務の内容や権限等、当該公務員がした行為の性質、態様、目的、内容等の諸般の事情を総合して判断するのが相当である」とした。

そのうえで、最高裁は、Xの行為については、Xが「管理職的地位になく、その職務の内容や権限に裁量の余地のない公務員」であり、その行為は、「職務と全く無関係に、公務員により組織された団体の活動としての性格もないから、公務員の職務の遂行の政治的中立性を損なうおそれが実質的に認められるものとはいえない」とした（無罪）。

この事件では、無罪判決が確定したが、例えば管理職的地位にある国家公務員の場合、公務員の労働組合の活動として政治的行為がなされた場合、国家公務員であることを明らかにしたうえで政治的行為をした場合は、有罪になりうるということである。

小括

これらの公務員という身分に着目した表現の自由の規制については、休日や勤務時間外のいわばプライベートな時間に一市民として公務員が政治的行為をすることをなぜ法令で禁止できるのかが理論的に根本的な問題である。上述の最高裁判例は、「公務員の職務の遂行の政治的中立性を損なう実質的おそれ」がある政治的行為を規制しても憲法21条1項に違反しないとする趣旨であるが、一市民として政治的行為をすることがなぜ職務の遂行の政治的中立性を損なうのか。その点について、最高裁の判断は説得力に欠けると言わざるを得ない。なお、このような規制は、今日では自由主義国家では日本にしかない。

またなお、高校生の政治活動については、満18歳未満の有権者ではない者の選挙運動は公職選挙法によって禁止されているが（137条の2）、それ以外には、法令上は特段の規制はない。ただ、愛媛県などの県立高校では、校則によって、高校生の政治活動が届出制とされている（この届出制については、本書の久保論文を参照）。これも高校生という身分に着目した規制といえる。

(2) 場所

表現の自由（集会やデモ行進なども含む）の規制には、場所に着目した規制もある。

公道では、「一般交通に著しい影響を及ぼすような通行の形態若しくは方法により道路を使用する行為又は道路に人が集まり一般交通に著しい影響を及ぼすような行為」をなす場合には、所轄の警察署長の許可を受けなければならない（道路交通法77条1項4号）。これは、道路における危険の防止や交通の安全と円滑を図ることが目的であり、許可制ではなく届出制で十分ではないかとの考えもありうるが、その点を除けば憲法21条1項に違反するとは考えらない。逆に、道交法上、公道上で、他人の交通に「著しい影響」を及ぼさない程度の政治的表現（例えばチラシの配布やスタンディングなど）は、全く自由にできるということである。

他方、公園を使用して集会等をする場合には、公園の管理者（市立であれば市の、県立であれば県の）の許可を得なければならない。公園といってもさまざまな種類があるが、子どもの遊び場であったり、市民の憩いの場であったりする。ゆえに、公園の本来の設置目的は、政治的表現の場を作るというものではない。したがって、公園での政治的表現に何らかの規制がなされる必要はある。

しかし他方、政治的表現をするには場所が不可欠であり、特に集会ないしデモ行進の出発および解散地として最も適当なのは多くの場合、公園である。それゆえ、集会等が公園の設置目的を著しく害することが明白な場合や公園施設の損壊の危険が明らかな場合など以外は、公園を使用した政治的表現は許可されるべきである。またそのような危険が全くない少人数による公園利用者に対するチラシ配布の程度は許可を得る必要もないと考えられる（もっとも公園利用者の心情その他に表現をする側が特段の配慮をする必要があると考えられるが、それは法規範の問題ではなく、市民の道徳の問題であろう）。

国又は地方公共団体の設置している都市公園は、都市公園法（昭和31年法律79号）または同法を具体化した地方公共団体の条例により設置されており、条例によって禁止行為や行為の制限が定められている。集会等のための都市公園の使用については、例えば京都市都市公園条例３条１項３号は、「競技会，集会，展示会，博覧会その他これらに類する催しのために公園の全部又は一部を独占して利用する」場合は市長の許可を得なければならないと定めている。こうした規制は、あくまで公共用物の管理権に基く規制であるから、集会等に利用させた場合に公園そのものが著しい損壊を受ける等公園の管理保存に著しい支障が生じることが明白な場合のみ管理権者は許可しないことができる。そういう事情もないのに集会の政治的性格や主催者の政治的傾向等を理由に許可をしないことは法令上も憲法上も許されない。

次に表現活動（特に集会）の場所として市民会館等が頻繁に利用されるが、それらは、地方自治法２４４条1項が「普通地方公共団体は、住民の福祉を増進する目的をもつてその利用に供するための施設……を設けるものとする」としている「公の施設」である。同条２項は「正当な理由がない限り、住民が公の施設を利用することを拒んではならない」とし、同条３項は「住民が公の施設を利用することについて、不当な差別的取扱いをしてはならない」と規定している。この地方自治法の規定を具体化した条例が各地方公共団体（都道府県、市区町村）で制定されており、さまざまな表現活動に活用されている。地方公共団体は、法律上、「公の施設」の使用を「正当な理由」がない限り許可しなければならないのである。

「公の施設」の使用申請の不許可が認められたケースとして泉佐野市民会館事件（最判平成７年３月７日、民集49巻３号６８７頁）がある。

これは関西国際空港の建設に反対する集会をするために過激派団体に所属するXらが、市立泉佐野市民会館のホールの使用申請をしたところ、市立泉佐野市民会館条例７条１項（「公の秩序をみだすおそれがある場合」）および３項（「その他会館の管理上支障があると認められる場合」）に該当するとして、不許可となった事件である。

最高裁は、地方自治法２４４条２項の「正当な理由」を具体化した「公の秩序をみだすおそれがある場合」との泉佐野市の「市民会館条例」７条の文言を限定解釈し、同条の意味を「本件会館で集会が開かれることによって、人の生命、身体又は財産が侵害され、公共の安全が損なわれる危険」を回避・防止であり、さらにそうした「危険な事態が生ずる蓋然性があるというだけではたりず、明らかな差し迫った危険の発生が具体的に予見されることが必要である」場合とした。そのうえで、Xらの使用申請の不許可処分については、申請前後のXらの所属する団体等の動向（連続爆破事件の遂行、対立する過激派団体との抗争等）を考慮して、前記の危険の発生が具体的に予見されるとしてXらの上告を棄却した。

最高裁は、Xらの所属する団体がいわゆる過激派だからという理由だけでは使用申請を不許可にする正当な理由とはならないことを前提に、不許可処分時前後のXらの所属する団体の活動状況や対立する過激派団体との対立状況を丁寧に事実認定して、Xらに本件ホールの使用許可をした場合、当時の状況からXらと対立する団体による集会の妨害だけではなくそれに対してXらの側からも対立する団体に対していわば「応戦」する事態になる「明らかな差し迫った危険が具体的に予見される」としたのである。

この最高裁判決が示したような極めて特殊な事情のない限り、いかなる政治集会のための使用であれ、地方公共団体は、「公の施設」の使用を許可しなければならないのである。

場所に着目した規制のなかでも、駅頭での表現活動の規制は、表現活動をしようとする市民にとっては切実な問題であろう。多くの人が行き交い、表現活動をする人にとってその効果が期待できるのは、駅頭だからである。駅頭といっても、表現活動がなされる場所が公道であれば上記の道路交通法が適用される。しかしその場所が鉄道会社の所有地であった場合は別の問題を生じる（なお、場所によっては、上記の地方自治法上の「公の施設」の場合もある）。

鉄道営業法（明治33年法律65号）の35条は、「鉄道係員ノ許諾ヲ受ケスシテ車内、停車場其ノ他鉄道地内ニ於テ旅客又ハ公衆ニ対シ寄附ヲ請ヒ、物品ノ購買ヲ求メ、物品ヲ配付シ其ノ他演説勧誘等ノ所為ヲ為シタル者ハ科料ニ処ス」と定めている。「鉄道地」における表現活動を許可制としているのである。この規制の問題は、第1に、鉄道会社の所有地といっても駅前広場など公道と異ならないような場所は原則として表現活動が自由に行われるべき「パブリック・フォーラム」という性質を帯びるのではないかということである。第2に、許可制であるにもかかわらず、JR等の鉄道会社の許可基準等が明らかではなく、商業的な物品販売、赤十字社の献血、そのほか非政治的なイベントでは使用が許可されるにもかかわらず、たとえ数名規模のチラシ配布や署名であっても政治的表現活動には許可がなされないという運用がなされていることである。そもそも駅頭が百貨店、食料品店等の商業施設と一体となり、巨大化した駅の中に設置された通路を通らないと駅の反対側に行くことが困難な場所がある等、1900年（明治33年）の法律制定時とは駅や駅周辺の様相や利用目的も著しく変化していることは明らかであり、また1946年には日本国憲法が制定されて表現の自由が手厚く保障されたこともあわせて考えると、この古い法律の適用にあたっては、表現の自由へ最大限の配慮が不可欠であろう（「法学セミナー」742号、2016年11月号の特集を参照）。

小括

以上、集会、デモ行進、チラシの配布等の様々な表現活動にはそれができる場所が不可欠であるが、誰でも利用できる公道、公園、「公の施設」ないし鉄道地について様々な規制が存在する。そして、時としては、それらの規制が特定の政治的表現を狙い撃ちにしたかのように適用される場合もある。筆者は、上記の様々な法令が憲法21条1項に違反するとは考えていないが、それらの法令の不当な適用によって政治的表現がしにくい（又は必要以上に気を使わねばならない）現状に鑑みて、憲法21条1項の表現の自由の保障に最大限に配慮した法令の適用がなされるべきであると考える。そもそも許可制というのは表現がなされる前の事前規制なのであって、厳しい規制のやり方である。明確かつ表現の自由に最大限に配慮したものではない許可基準は憲法21条1項違反になりうるであろう。

（3）内容

次の表現の内容に着目した規制について説明しよう。憲法が表現の自由を保障していても、特に他人の権利との関係で限界があり、他人の権利・利益を不当に侵害する表現は規制される。

刑法230条の名誉毀損罪を例にあげれば、他人の名誉（社会的評価）を低下させる表現は、公共性があり（例えば国会議員の資質を問うもの）、専ら公益目的でなされ、その表現が真実である場合以外は、刑事責任を問われる（民事責任も問われる）。個人の名誉という憲法13条が保障している人格権を不当に制約する表現などが「野放し」になっているわけではないのだ。刑事責任は問われないものの他人の私生活を不当に公表する表現も民事上の損害賠償責任の対象となる。さらに名誉毀損やプライバシー侵害を内容とする表現は、ひとたび公表されると事後に被害の救済が困難であるから、名誉毀損の場合であれば、内容が真実ではなく、「被害者が重大にして著しく回復困難な損害を被る虞があるとき」（最大判昭和61年６月11日、民集40巻４号８７２頁）等の厳格な要件の下で、裁判所によって、表現がなされる前に差止められることもある。

他にもわいせつ物頒布罪（刑法１７５条）など、表現の内容に着目した規制は少なからず存在する。なお、最近問題となっている「ヘイトスピーチ」の規制は、表現の自由の規制の問題ではない。「ヘイトスピーチ」は、そもそも「スピーチ」ではなく端的に差別行為である。この問題の議論のポイントは、「スピーチ」（表現）であるものと差別行為を法律でしっかり区別できるのかどうかである（浦部法穂『憲法学教室　第3版』日本評論社、２０１６年、１８２~１８５頁を参照）。

政治的表現に関わって特に重要なのは、公職選挙法による選挙運動の規制である。選挙運動規制は、選挙運動を内容とする表現に対する規制であるから表現の内容に着目した規制である。

選挙運動期間（１２９条）の間、戸別訪問の禁止（１３８条）、文書図画の頒布の制限（１４２条）、街頭演説の制限（１６４条の５）等、他の自由主義国家に例を見ない厳しい規制がなされている。

選挙運動期間の前であれば自由であるかといえばそうではない。選挙運動期間以外に、特定の選挙における特定の政党ないし候補者への投票の依頼をした場合には事前運動として違法となる（１２９条）。選挙運動期間中であれ、それ以外であれ、例えば特定の選挙における特定の候補者への投票を依頼する目的でご近所様や友人宅等を訪問することは許されない。また例えば選挙運動目的でＦＡＸやメール（いずれも文書図画に当たる）を友人・知人に送信することも許されない。候補者ではない有権者が個人で選挙運動をしようと決意した場合、出来ることと言えば、選挙運動期間中に電話をする、選挙運動用の通常葉書（１４２条）を書く、自らの連絡先を明記したブログやＳＮＳ等を利用するくらいしかないのだ。

これらの規制のうち文書図画の頒布の制限について最高裁は、「選挙運動に不当の競争を招き、これが為却って選挙の自由公正を害し、その公明を保持し難い結果」を来さないための規制であるから憲法に違反しないとしている（最大判昭和30年3月30日、刑集9巻3号６３５頁）。また戸別訪問禁止について最高裁は、「意見表明そのものの制約を目的とするものではなく、意見表明の手段方法のもたらす弊害」の規制に過ぎず、「戸別訪問が買収、利害誘導等の温床になり易く、選挙人の生活の平穏を害するほか、これが放任されれば、候補者側も訪問回数等を競う煩に耐えられなくなるうえに多額の出費を余儀なくされ、投票も情実に支配され易くなるなどの弊害」を防止して「選挙の自由と公正を確保することを目的としている」から憲法違反ではないとしている（最判昭和56年6月15日、刑集35巻4号４０５頁）。いずれの判決も、抽象的に弊害を挙げて、現行法の厳しい規制を合憲とするものであり、憲法学からは厳しく批判されている。戸別訪問の禁止については、例えば、早朝や深夜の訪問等を規制すれば十分であろう。

小括

このように現行法上、表現の内容に着目した規制は様々存在するが、とりわけ誰でもが簡便にすることのできる戸別訪問やチラシの配布等の表現が、あろうことか最も政治的表現が重視されるべき公職の選挙にかかわって強く規制されているのが日本の現状である。

（４）その他

以上の理由の他に、青少年の保護のための「有害図書」の販売規制（地方公共団体の青少年保護条例）など、さまざまな理由による表現への規制が存在する。ここでは、放送法による放送事業者に対する規制と地方公共団体の公安条例による「集団示威行動」の規制について説明しよう。

放送法４条は、放送事業者に対して、「公安及び善良な風俗を害しないこと」（１号）、「政治的に公平であること」（２号）、「報道は事実をまげないですること」（３号）、「意見が対立している問題については、できるだけ多くの角度から論点を明らかにすること」（４号）という４つの番組編成準則を定めている。これらは、放送用の電波の周波数帯の有限性や放送メディアの持つ特殊な社会的影響力（例えば、自宅でテレビを観ているだけの視聴者に直接にメッセージを伝えうること）

等を理由として合憲とされている。学説上は、これらの番組編成準則は、放送事業者が自律的に遵守すべき倫理的規定と考えられている。しかし総務省は、これらを法的拘束力のあるルールと考え、２０１６年2月8日には高市早苗総務大臣が、放送事業者が番組編成準則を遵守しない場合には、電波法76条に基づいて、電波停止命令をすることもありうる旨の答弁をした。

そもそも番組編成基準自体が、放送事業者の表現内容を強く規制するものであり、その合憲性に疑念（周波数帯の有限性は今日でも規制の理由になるのか、特殊な社会的影響力は放送に限定されたものであろうか等）もある中、高市大臣の答弁等は、放送事業者を強く萎縮させるものである。放送事業者も報道機関であり、報道の主体である以上、番組編成準則の遵守の有無を国家権力が判断し、電波停止命令という処分をなしうるとすれば、準則そのものの文言の曖昧さもあり、恣意的判断で国家権力によって放送事業者に圧力が加えられることが強く懸念される（鈴木秀美「放送事業者の表現の自由と視聴者の知る権利—番組編成準則を読み解く」法学セミナー７３８号、２０１６年7月号参照）。

次に説明するのは、地方公共団体の公安条例による「集団示威行動」（デモ行進など）に対する許可制という規制である。そもそも公道を利用したデモ行進には前記のとおり道路交通法上の許可制という規制があり、集会等のための公園の使用にも都市公園法等による規制がある。つまり公安条例による規制は，まったく余計な規制としか言いようがない。

しかし、最高裁は、「公共の安寧」の保持を理由として、このまったく余計な規制を合憲としたのだ。東京都公安条例事件（最大判昭和35年７月20日、刑集14巻９号１２４３頁）判決である。

被告人Ｘらは、１９５８年９月、東京都公安委員会が付した「蛇行進、渦巻行進又はことさらな停滞等交通秩序をみだす行為は絶対に行わないこと」との許可条件に違反して、集会および集団行進の指導を行い、さらに11月には、無許可で集会および集団行進を指導したとして、東京都公安条例違反で起訴された。

最高裁は、この事件について、まず「純粋言論」と「集団行動」とを殊更に区別して、表現の自由として保障される「集団行動による思想等の表現は、単なる言論、出版等によるものとはことなって、現在する多数人の集合体自体の力、つまり潜在する一種の物理的力によって支持されていることを特徴とする」とした。さらに「かような潜在的な力は、あるいは予定された計画に従い、あるいは突発的に内外からの刺激、せん動等によってきわめて容易に動員され得る性質のものである。この場合に平穏静粛な集団であっても、時に昂奮、激昂の渦中に巻き込まれ、甚だしい場合には一瞬にして暴徒と化し、勢いの赴くところ実力によって法と秩序を蹂躙し、集団行動の指揮者はもちろん警察力を以てしても如何ともし得ないような事態に発展する危険が存在すること、群集心理の法則と現実の経験に徴して明らかである」としたのだ。つまりデモ隊は「潜在的暴徒」であるという見方をなんらの論証もなく開陳したのだ。そしてそのような「潜在的暴徒」論を前提に「集団行動による表現の自由に関するかぎり、いわゆる『公安条例』を以て、地方的情況その他諸般の事情を十分考慮に入れ、不測の事態に備え、法と秩序を維持するに必要かつ最小限度の措置を事前に講ずることは、けだしやむを得ない」とした。問題の東京都公安条例の合憲性については、「集団行動に関しては、公安委員会の許可が要求されている（1条）。しかし公安委員会は集団行動の実施が『公共の安寧を保持する上に直接危険を及ぼすと明らかに認められる場合』の他はこれを許可しなければならない（3条）」から本条例の許可制は「実質において届出制とことなるところがない」として合憲とした。

その後の公安条例に関する重要な判例として徳島市公安条例事件最高裁判決（最大判昭和50年9月10日、刑集29巻8号489頁）がある。この判決では、さすがにデモ隊＝「潜在的暴徒」論は姿を消したが、「集団示威行動」は、「多数人の身体的行動を伴うものであって、多数人の集合体の力、つまり潜在する一種の物理的力によって支持されていることを特徴とし、したがって、それが秩序正しく平穏に行われない場合にこれを放置するときは、地域住民又は滞在者の利益を害するばかりでなく、地域の平穏をさえ害するに至るおそれがある」としている。デモ行進等の「集団示威行動」に対する裁判所のあらぬ警戒感はなお存在しているといえよう。

小括

報道機関として、国政等について十分に情報を伝え、市民の「知る権利」に奉仕するのが放送事業者の責務のひとつである。政府の側からの圧力によって放送事業者によって伝えられる情報がゆがみ、または情報量が減少する等の事態が生じた場合、犠牲者は市民である。放送事業者に対する政治的中立性を理由とした政権による圧力の弊害の重大性について、引続き注視が必要であろう。またデモ行進等の「集団示威行動」は、市民の間にある様々な政治的意見の存在をそれに関心のない市民に対しても市民が自ら可視化するという極めて重要な効用がある。放送事業者に対する規制も「集団的示威行動」に対する規制も、現在の日本における規制のあり方には、こうした視点が欠落しており、殊更にその弊害ばかりが（しかも抽象的に）強調されるという状態にあるといえるであろう。

まとめ

以上、日本における表現の自由の意義と規制について、概観してきた。この概観は、必ずしも網羅的ではなく、また個々の規制について専門的に立ち入って論述することも控えた。

本稿をまとめると、日本では、公務員は表現の自由を強く規制されており、表現をしようとする市民が自由に利用できる場所のほとんどは許可制であり、市民は特定の選挙における特定の候補者や政党への投票依頼という選挙運動から遠ざけられている。

こうした現状では、多くの市民は、政権や大政党などの発信力のある組織からの情報を受け身で摂取するのが関の山であり、自らの意見を発信しつつ、他者とのコミュニケーションを通じて意見を形成していくことは容易ではない。

日本の表現の自由の状況がこのようになっているのは、最近に始まったことではなく、公職選挙法の戸別訪問の禁止が1925年の普通選挙の確立時に無産者（財力のないもの）の選挙活動を封じ込める目的ではじまったことに典型的に示されるように、戦前又は日本国憲法制定前後の時期から引きずっているものなのである。

そうした歴史の中で、私たちは、次第に、政治的表現を自らすることから我が身を遠ざけ、さらには他人の政治的表現を「迷惑」と受け止める感性を刷り込まれてしまったのかもしれない。それが政治的関心の低下や各種の選挙での投票率の長期の低下傾向の原因のひとつかもしれない。これを乗り越え、憲法21条1項が保障する表現の自由（特に政治的表現の自由）を一人ひとりの市民が生き生きと行使することができる社会をつくることは、容易なことではないだろう。

あとがき

筆者と共同執筆陣一同は、本書全体を通じて、高校生と政治・政治活動について考えてきた。難しいテーマであるにも関わらず、最後までお読み頂いた読者のみなさんに冒頭御礼を申し上げたい。

筆者らは、高校生による「政治活動をする自由」について論じている。ひとつ、疑問を呈したい。「政治活動を『しない』自由」というのはあるのだろうか。たとえば、「選挙で投票する自由」がありながら、国政・地方選挙の投票率は高いとは言えない。そうである以上、「投票しない自由」というのはありそうだ。同様に、デモ行進に参加する自由もあれば、参加しない自由もあるだろう。「政治活動」という言葉を、「政治参加」に置き換えてみたらどうであろうか。日本国憲法を特集に組んだ「週刊金曜日」の中で、18歳の大学生は簡潔に言い切っている。(注1)

「私たちは政治に無関心でいられたとしても、政治に無関係ではいられない」

コンビニエンスストアでお菓子を買えば消費税を払うことになる。コンビニの前の道路や信号も国や地方自治体が整備したものだ。国公立の学校は税金で建てられたものだし、高校生や大学生の多くは奨学金を借り、将来返す立場にある。病院も、高齢者・障がい者福祉も、子育ても、教育も、アルバイトなど雇用も、政治と無関係ではありえない。政治とは、生きている限り切っても切れない関係なのだ。そうである以上、概念としてはともかくとして、実際には「政治参加しない自由」は無いと言ってよいだろう。

本書冒頭、野見山杏里さんも指摘する。「日常の中に当たり前ですが政治は関わってきます。」「関係ない、などということはありえない。」野見山さんは率直な疑問をぶつけている。「政治活動が規制されていく動き、私には本当に理解が出来なくて……」「何故禁止されなければいけないの？ と、とても疑問」。野見山さんの次の問いに文科省は真っ正面から答えるべきだ。「いつ子どもは意見を持って大人になるのでしょう。」

本書の中で、菅間正道氏は、政治を「自前の社会づくり」と表現する。なるほど、政治とはまさに自分の問題なのだ。その、自分たちの問題である政治にアクセスする権利というものは、誰であっても認められなければならない。20歳とか、18歳とか、そんなちっぽけな概念で区切られる、区切れる問題ではないのである。そうであるにも関わらず、今日、文科省・教委は高校生の政治活動をあたかも犯罪であるかのごとく、「禁止」「制限」の対象としている。菅間氏は「この社会的・文化的背景には公職選挙法に見られるように、政治に『知らしむべからず、寄らしむべからず』というものがあり、『べからず集』『禁止集』が通ってしまう『社会のありよう』『市民社会の未成熟』がある」と指摘している。

猪野亨弁護士は、昨今の状況を「文科省側の強行な姿勢」「政治活動に対する敵視」と表現し、

「憲法違反」と断言する。19条とか21条とか、個々の人権規定以前の問題だ。自分たちの問題である政治にアクセスする権利を文科省・教委は、数枚の「雑文」で奪ってしまおうというのだから！　高校生は、憲法や子どもの権利条約でもって基本的人権が認められた存在であり、むしろ文科省などこそ憲法によって縛られるべき立場なのだということを指摘せねばならない。

宮武嶺弁護士は、「政治活動は表現の中でももっとも民主政治に重要で不可欠な言論・活動」で、違憲審査にあたって「基本的人権の中でも『優越的な地位を占める』」と言う。そして、届け出制についても「思想良心の自由は、人の人格の中心となるような大事な思想信条を侵されないという自由」であって、「合理性がなく、違憲の疑いが高い」と主張している。文末で提言された「文科省や教育委員会や学校は、一見、もっともらしい理屈で制限しようとしてくるわけですが、それが本当に合理的かどうか考え抜く力をつけるのも、これからの高校生に求められる」との言葉を重く受け止めたい。

石埼学教授は、「政治的表現を自らすることから我が身を遠ざけ、さらには他人の政治的表現を『迷惑』と受け止める感性を刷り込まれてしまったのかもしれない」と危惧しつつ、「政治的表現をすることによって政治を変え、日本国憲法が定めている通りの自由で民主的な国家社会を私たち一人ひとりの市民がこれから作り上げねばならない」と展望する。そうした社会をいかに作れるかを問うていきたい。

さて、安保法制に反対する取り組みは、その主張に「立憲主義」や「野党共闘」を加えながら発展し、高校生の取り組みからは「届け出制」反対の主張が聞かれる。強行採決に屈しなかった高校生らは、法案成立から1年経った今も声を上げ続けている。脱原発、特定秘密保護法、安保法制、参院選と波状的に展開してきた市民運動からは、これからも声を上げる高校生が出てくるだろう。私たち大人に求められるのは、迎合でも排除でもなく、同じ社会を築く仲間として切磋琢磨していくことだ。高校生たちのこれからの歴史が、過去も現在も乗り越えて、大きな将来を生み出していくことを願うばかりである。

本書の上梓にあたっては、多くの方のご助力を頂戴した。とりわけ、共同執筆者として寄稿頂いた、野見山杏里さん、宮武嶺先生、猪野亨先生、菅間正道先生、石埼学先生の各氏と社会批評社の小西誠さんには特に御礼を申し上げたい。

『問う！ 高校生の政治活動禁止』（久保友仁・小川杏奈・清水花梨編著、２０１５年10月、社会批評社）もぜひ併読して頂き、高校生の声を封殺しようとする教育行政に対する「武器」として頂ければ幸いである。

文部省（当時）は、高校紛争の中で、高校生の政治活動を禁じる「69通達」を出した。その１９６９年の1月、あの有名な東大闘争の中で東大全共闘の学生は次のように訴える。

「連帯を求めて孤立を恐れず、力及ばずして倒れることを辞さないが、力尽くさずして挫けることを拒否する。」

筆者は、前著・本書を通じて訴えてきたように、高校生の政治活動を規制しようとすることは明らかに間違っていると思う。だから微力ではあるが、おかしいことは、おかしいと声を上げ続けたい。これからも問う！　高校生の政治活動禁止を。

２０１６年10月吉日

久保　友仁

注１：「週刊金曜日」２０１６年４月29日・５月６日合併号17ページ。ゆいさん（T-ns SOWL west、18歳、大学生）の発言。

●資　料

●高等学校等における政治的教養の教育と高等学校等の生徒による政治的活動等について（通知）

27文科初第933号

平成27年10月29日

各都道府県教育委員会
各指定都市教育委員会
各都道府県知事
附属学校を置く各国立大学法人学長
高等学校を設置する学校設置会社を所轄する構造改革特別区域法第12条第1項の認定を受けた各地方公共団体の長　殿

文部科学省初等中等教育局長

小松　親次郎

高等学校等における政治的教養の教育と高等学校等の生徒による政治的活動等について（通知）

日本国憲法の改正手続に関する法律の一部を改正する法律（平成26年法律第75号）により、施行後4年を経過した日（平成30年6月21日）以後にその期日がある国民投票から、国民投票の期日の翌日以前に18歳の誕生日を迎える者は、投票権を有することになりました。また、公職選挙法等の一部を改正する法律（平成27年法律第43号）（以下「改正法」という。）により、施行日（平成28年6月19日）後に初めて行われる国政選挙（衆議院議員の総選挙又は参議院議員の通常選挙）の公示日以後にその期日を公示され又は告示される選挙から改正法が適用されることとなり、適用される選挙期日の翌日以前に18歳の誕生日を迎える等の公職選挙法（昭和25年法律第１００号）第９条の各項に規定する要件を満たす者は、国政選挙及び地方選挙において選挙権を有し、同法第１３７条の２により、選挙運動を行うことが認められることとなりました。

これらの法改正に伴い、今後は、高等学校、中等教育学校及び高等部を置く特別支援学校（以下「高等学校等」という。）にも、国民投票の投票権や選挙権を有する生徒が在籍することとなります。

高等学校等においては、教育基本法（平成18年法律第１２０号）第14条第１項を踏まえ、これまでも平和で民主的な国家・社会の形成者を育成することを目的として政治的教養を育む教育（以下「政治的教養の教育」という。）を行ってきたところですが、改正法により選挙権年齢の引下げが行われたことなどを契機に、習得した知識を活用し、主体的な選択・判断を行い、他者と協働しながら様々な課題を解決していくという国家・社会の形成者としての資質や能力を育むことが、より一層求められます。このため、議会制民主主義など民主主義の意義、政策形成の仕組みや選挙の仕組みなどの政治や選挙の理解に加えて現実の具体的な政治的事象も取り扱い、生徒が国民投票の投票権や選挙権を有する者（以下「有権者」という。）として自らの判断で権利を行使することができるよう、具体的かつ実践的な指導を行うことが重要です。その際、法律にのっとった適切な選挙運動が行われるよう公職選挙法等に関する正しい知識についての指導も重要です。

他方で、学校は、教育基本法第14条第2項に基づき、政治的中立性を確保することが求められるとともに、教員については、学校教育に対する国民の信頼を確保するため公正中立な立場が求められており、教員の言動が生徒に与える影響が極めて大きいことなどから法令に基づく制限などがあることに留意することが必要です。

また、現実の具体的な政治的事象を扱いながら政治的教養の教育を行うことと、高等学校等の生徒が、実際に、特定の政党等に対する援助、助長や圧迫等になるような具体的な活動を行うことは、区別して考える必要があります。

こうしたことを踏まえ、高等学校等における政治的教養の教育と高等学校等の生徒による政治的活動等についての留意事項等を、下記のとおり取りまとめましたので、通知します。

また、このことについて、各都道府県教育委員会におかれては、所管の高等学校等及び域内の市区町村教育委員会に対して、各指定都市教育委員会におかれては、所管の高等学校等に対して、各都道府県知事及び構造改革特別区域法第12条第1項の認定を受けた地方公共団体の長におかれては、所轄の高等学校等及び学校法人等に対して、附属学校を置く各国立大学法人学長におかれては、設置する附属高等学校等に対して、御周知くださるようお願いします。

なお、この通知の発出に伴い、昭和44年10月31日付け文初高第４８３号「高等学校における政治的教養と政治的活動について」は廃止します。

記

第1　高等学校等における政治的教養の教育

教育基本法第14条第1項には「良識ある公民として必要な政治的教養は、教育上尊重されなければならない。」とある。このことは、国家・社会の形成者として必要な資質を養うことを目標とする学校教育においては、当然要請されていることであり、日本国憲法の下における議会制民主主義など民主主義を尊重し、推進しようとする国民を育成するに当たって欠くことのできないものであること。

また、この高等学校等における政治的教養の教育を行うに当たっては、教育基本法第14条第2項において、「特定の政党を支持し、又はこれに反対するための政治教育その他政治的活動」は禁止されていることに留意することが必要であること。

第2　政治的教養の教育に関する指導上の留意事項

1、政治的教養の教育は、学習指導要領に基づいて、校長を中心に学校として指導のねらいを明確にし、系統的、計画的な指導計画を立てて実施すること。また、教科においては公民科での指導が中心となるが、総合的な学習の時間や特別活動におけるホームルーム活動、生徒会活動、学校行事なども活用して適切な指導を行うこと。

指導に当たっては、教員は個人的な主義主張を述べることは避け、公正かつ中立な立場で生徒を指導すること。
2、政治的教養の教育においては、議会制民主主義など民主主義の意義とともに、選挙や投票が政策に及ぼす影響などの政策形成の仕組みや選挙の具体的な投票方法など、政治や選挙についての理解を重視すること。あわせて、学校教育全体を通じて育むことが求められる、論理的思考力、現実社会の諸課題について多面的・多角的に考察し、公正に判断する力、現実社会の諸課題を見いだし、協働的に追究し解決する力、公共的な事柄に自ら参画しようとする意欲や態度を身に付けさせること。
3、指導に当たっては、学校が政治的中立性を確保しつつ、現実の具体的な政治的事象も取り扱い、生徒が有権者として自らの判断で権利を行使することができるよう、より一層具体的かつ実践的な指導を行うこと。
また、現実の具体的な政治的事象については、種々の見解があり、一つの見解が絶対的に正しく、他のものは誤りであると断定することは困難である。加えて、一般に政治は意見や信念、利害の対立状況から発生するものである。そのため、生徒が自分の意見を持ちながら、異なる意見や対立する意見を理解し、議論を交わすことを通して、自分の意見を批判的に検討し、吟味していくことが重要である。したがって、学校における政治的事象の指導においては、一つの結論を出すよりも結論に至るまでの冷静で理性的な議論の過程が重要であることを理解させること。

さらに、多様な見方や考え方のできる事柄、未確定な事柄、現実の利害等の対立のある事柄等を取り上げる場合には、生徒の考えや議論が深まるよう様々な見解を提示することなどが重要であること。

その際、特定の事柄を強調しすぎたり、一面的な見解を十分な配慮なく取り上げたりするなど、特定の見方や考え方に偏った取扱いにより、生徒が主体的に考え、判断することを妨げることのないよう留意すること。また、補助教材の適切な取扱いに関し、同様の観点から発出された平成27年３月４日付け26文科初第１２５７号「学校における補助教材の適正な取扱いについて」にも留意すること。

４、生徒が有権者としての権利を円滑に行使することができるよう、選挙管理委員会との連携などにより、具体的な投票方法など実際の選挙の際に必要となる知識を得たり、模擬選挙や模擬議会など現実の政治を素材とした実践的な教育活動を通して理解を深めたりすることができるよう指導すること。
なお、多様な見解があることを生徒に理解させることなどにより、指導が全体として特定の政治上の主義若しくは施策又は特定の政党や政治的団体等を支持し、又は反対することとならないよう留意すること。

５．教員は、公職選挙法第１３７条及び日本国憲法の改正手続に関する法律（平成19年法律第51号）

第103条第2項においてその地位を利用した選挙運動及び国民投票運動が禁止されており、また、その言動が生徒の人格形成に与える影響が極めて大きいことに留意し、学校の内外を問わずその地位を利用して特定の政治的立場に立って生徒に接することのないよう、また不用意に地位を利用した結果とならないようにすること。

第3　高等学校等の生徒の政治的活動等

今回の法改正により、18歳以上の高等学校等の生徒は、有権者として選挙権を有し、また、選挙運動を行うことなどが認められることとなる。このような法改正は、未来の我が国を担っていく世代である若い人々の意見を、現在と未来の我が国の在り方を決める政治に反映させていくことが望ましいという意図に基づくものであり、今後は、高等学校等の生徒が、国家・社会の形成に主体的に参画していくことがより一層期待される。

他方で、（1）学校は、教育基本法第14条第2項に基づき、政治的中立性を確保することが求められていること、（2）高等学校等は、学校教育法（昭和22年法律第26号）第50条及び第51条並びに学習指導要領に定める目的・目標等を達成するべく生徒を教育する公的な施設であること、（3）高等学校等の校長は、各学校の設置目的を達成するために必要な事項について、必要かつ合理的な範囲内で、在学する生徒を規律する包括的な権能を有するとされていることなどに鑑みると、高等学校等の生徒による政治的活動等は、無制限に認められるものではなく、必要かつ合理的な範囲内で制約を受けるものと解される。

これらを踏まえ、高等学校等は、生徒による選挙運動及び政治的活動について、以下の事項に十分留意する必要がある。

なお、地方自治法（昭和22年法律第67号）等の法律に基づき、公職選挙法中普通地方公共団体の選挙に関する規定が準用される住民投票において、投票運動を高等学校等の生徒が行う場合は、選挙運動に準じて指導等を行うこととし、日本国憲法の改正手続に関する法律第１００条の２に規定する国民投票運動を高等学校等の生徒が行う場合は、政治的活動に準じて指導等を行うこととする。

【この通知の第３以下における用語の定義について】

「選挙運動」とは、特定の選挙について、特定の候補者の当選を目的として、投票を得又は得させるために直接又は間接に必要かつ有利な行為をすることをいい、有権者である生徒が行うものをいう。

「政治的活動」とは、特定の政治上の主義若しくは施策又は特定の政党や政治的団体等を支持し、又はこれに反対することを目的として行われる行為であって、その効果が特定の政治上の主義等の実現又は特定の政党等の活動に対する援助、助長、促進又は圧迫、干渉になるような行為をすることをいい、選挙運動を除く。

「投票運動」とは、特定の住民投票について、特定の投票結果となることを目的として、投票を得又は得させるために直接又は間接に必要かつ有利な行為をすることをいう。

1、教科・科目等の授業のみならず、生徒会活動、部活動等の授業以外の教育活動も学校の教育活動の一環であり、生徒がその本来の目的を逸脱し、教育活動の場を利用して選挙運動や政治的活動を行うことについて、教育基本法第14条第2項に基づき政治的中立性が確保されるよう、高等学校等は、これを禁止することが必要であること。

2、放課後や休日等であっても、学校の構内での選挙運動や政治的活動については、学校施設の物的管理の上での支障、他の生徒の日常の学習活動等への支障、その他学校の政治的中立性の確保等の観点から教育を円滑に実施する上での支障が生じないよう、高等学校等は、これを制限又は禁止することが必要であること。

3、放課後や休日等に学校の構外で行われる生徒の選挙運動や政治的活動については、以下の点に留意すること。

(1)放課後や休日等に学校の構外で生徒が行う選挙運動や政治的活動については、違法なもの、暴力的なもの、違法若しくは暴力的な政治的活動等になるおそれが高いものと認められる場合には、高等学校等は、これを制限又は禁止することが必要であること。また、生徒が政治的活動等に熱中する余り、学業や生活などに支障があると認められる場合、他の生徒の学業や生活などに支障があると認められる場合、又は生徒間における政治的対立が生じるなどして学校教育の円滑な実施に支障があると認められる場合には、高等学校等は、生徒の政治的活動等について、これによる当該生徒や他の生徒の学業等への支障の状況に応じ、必要かつ合理的な範囲内で制限又は禁止することを含め、適切に指導を行うことが求められること。

(2) 改正法により選挙権年齢の引下げが行われ、満18歳以上の生徒が選挙運動をできるようになったことに伴い、高等学校等は、これを尊重することとなること。

その際、生徒が公職選挙法等の法令に違反することがないよう、高等学校等は、生徒に対し、選挙運動は18歳の誕生日の前日以降可能となることなど公職選挙法上特に気を付けるべき事項などについて周知すること。

(3) 放課後や休日等に学校の構外で行われる選挙運動や政治的活動は、家庭の理解の下、生徒が判断し、行うものであること。

その際、生徒の政治的教養が適切に育まれるよう、学校・家庭・地域が十分連携することが望ましいこと。

第4　インターネットを利用した政治的活動等

インターネットを利用した選挙運動や政治的活動については、様々な意見・考え方についての情報発信や情報共有などの観点から利便性、有用性が認められる一方で、送られてきた選挙運動用の電子メールを他人に転送するなどの公職選挙法上認められていない選挙運動を生徒が行ってしまうといった問題が生じ得ることから、政治的教養の教育や高等学校等の生徒による政治的活動等に係る指導を行うに当たっては、こうしたインターネットの特性についても十分留意すること。

第5　家庭や地域の関係団体等との連携・協力

本通知の趣旨にのっとり、現実の政治を素材とした実践的な教育活動をより一層充実させるとともに、高等学校等の生徒による政治的活動等に関して指導するに当たっては、学校としての方針を保護者やPTA等に十分説明し、共有すること等を通じ、家庭や地域の関係団体等との連携・協力を図ること。

●「高等学校等における政治的教養の教育と高等学校等の生徒による政治的活動等について（通知）」に関するQ&A（生徒指導関係）

選挙権年齢等が18歳以上に引き下げられることに対応し、高等学校における政治的教養の教育を充実させるとともに、政治的活動等に対する適切な生徒指導を実施するため、関係する留意点等を示した「高等学校等における政治的教養の教育と高等学校等の生徒による政治的活動等について」（平成27年10月29日初等中等教育局長通知）を発出しました。

これに伴い、「高等学校における政治的教養と政治的活動について」（昭和44年10月31日初等中等教育局長通知）は廃止しています。

本Q＆Aは、昨年10月の通知の発出の後、教育委員会等からの要請を踏まえ、現場が実際の対応を行うに当たって抱えている疑問にお答えするものです。

高等学校等の生徒の政治活動に係る具体的な指導の在り方等については、こうした内容を踏まえつつ、各教育委員会等において適切に判断していただきたいと考えております。
※以下、単に「通知」とする場合は、「高等学校等における政治的教養の教育と高等学校等の生徒による政治的活動等について」（平成27年10月29日初等中等教育局長通知）を指す。

学校の構内における生徒の政治的活動

Q１、学校の構内における生徒の活動について、選挙運動を含め規制できる法的根拠は何ですか。
A、学校教育法第５条にあるとおり、学校は設置者が管理するものです（設置者管理主義）。学校の設置者は、学校の物的管理（校舎をはじめとした施設の管理を含む。）や運営管理（児童生徒の管理を含む。）などに必要な行為をなし得るものと解されます。学校の学校施設を学校教育目的以外で使用することについては、法令の規定に基づく場合や、学校教育上支障がないと管理者の同意がある場合に認められます（学校教育法第１３７条）。

学校管理規則等により、その管理について委任を受けた学校長も同様に学校の物的管理や運営管理を行うことができます。

（参考）学校教育法（昭和22年法律第26号）

第5条　学校の設置者は、その設置する学校を管理し、法令に特別の定のある場合を除いては、その学校の経費を負担する。

第137条　学校教育上支障のない限り、学校には、社会教育に関する施設を附置し、又は学校の施設を社会教育その他公共のために、利用させることができる。

Q2、通知では、放課後や休日等における、学校の構内における生徒の政治的活動等については、学校教育上の支障が生じないよう制限又は禁止することが必要とされていますが、どのような場合に学校教育上の支障が生じることが想定されますか。

A、例えば、以下のような場合が想定されます。

【学校施設の物的管理の上での支障があると認められる場合】

◆部活動による利用があらかじめ決まっている日に、生徒が体育館を用いて集会を開催しようとするなど、本来の教育活動による施設の利用の妨げとなる場合

◆施設を管理する人員が確保できない日に、生徒が体育館を用いて集会を開催しようとするなど、施設の管理者として、責任をもって施設と利用者の安全を確保することができない場合

【他の生徒の日常の学習活動等への支障があると認められる場合】

◆生徒が放課後に校庭でマイクとスピーカーを用いて演説会を行おうとしたところ、自習している他の生徒を妨げることになる場合

【その他教育を円滑に実施する上での支障があると認められる場合】

◆その他、放課後、休日の空き教室等の使用を許可するか検討するに当たっては、学校施設の目的外使用として適切かを学校管理規則等に沿って御判断いただくことになります。

以上の例のような教育上の支障があると認められる状態を生じさせないよう、学校は、適切な施設管理や生徒指導を行う必要があります。

Q3、前述のような教育上の支障を生じさせないようにするため、校則や懲戒の在り方に関する留意点としてどのようなことがありますか。

A、（校則等について）

校則は、学校が教育目的を実現していく過程において、生徒が遵守すべき学習上、生活上の規律として定められるものです。判例上、学校は教育目的を達成するために必要かつ合理的な範囲内において校則を制定し、生徒の行動などに一定の制限を課すことができると解されています。

公職選挙法等の一部を改正する法律（平成27年法律第43号、以下、「改正法」という。）の施行以前にあって、学校等においては、教育上の支障を生じさせないようにする観点から、校則等により、学校

の構内における文書図画の頒布や集会の実施を学校の許可等にかからしめることとしている例がありきます。従来の判例においては、こうした校則等は認められているところであり、改正法の施行後にあっても、学校の構内に関して、この基本的な考え方は変わるものではないと考えられます。

（参考1）麹町中学校内申書事件判決（抄）（最高裁昭和63年7月15日）

表現の自由といえども公共の福祉によつて制約を受けるものであるが（中略）、前記の上告人の行為は、原審の適法に確定したところによれば、いずれも中学校における学習とは全く関係のないものというのであり、かかるビラ等の文書の配付及び落書を自由とすることは、中学校における教育環境に悪影響を及ぼし、学習効果の減殺等学習効果をあげる上において放置できない弊害を発生させる相当の蓋然性があるものということができるのであるから、かかる弊害を未然に防止するため、右のような行為をしないよう指導説得することはもちろん、前記生徒会規則において生徒の校内における文書の配付を学校当局の許可にかからしめ、その許可のない文書の配付を禁止することは、必要かつ合理的な範囲の制約であつて、憲法21条に違反するものでないことは、当裁判所昭和52年（オ）第927号同58年6月22日大法廷判決（民集37巻5号793頁）の趣旨に徴して明らかである。

（参考2）昭和女子大事件判決（抄）（最高裁昭和49年7月19日）

大学は、国公立であると私立であるとを問わず、学生の教育と学術の研究を目的とする公共的な施設であり、法律に格別の規定がない場合でも、その設置目的を達成するために必要な事項を学則等により一方的に制定し、これによつて在学する学生を規律する包括的権能を有するものと解すべきである。特に私立学校においては、建学の精神に基づく独自の伝統ないし校風と教育方針とによつて社会的存在意義が認められ、学生もそのような伝統ないし校風と教育方針のもとで教育を受けることを希望して当該大学に入学するものと考えられるのであるから、右の伝統ないし校風と教育方針を学則等において具体化し、これを実践することが当然認められるべきであり、学生としてもまた、当該大学において教育を受けるかぎり、かかる規律に服することを義務づけられるものといわなければならない。もとより、学校当局の有する右の包括的権能は無制限なものではありえず、在学関係設定の目的と関連し、かつ、その内容が社会通念に照らして合理的と認められる範囲においてのみ是認されるものであるが、具体的に学生のいかなる行動についていかなる程度、方法の規制を加えることが適切であるとするかは、それが教育上の措置に関するものであるだけに、必ずしも画一的に決することはできず、各学校の伝統ないし校風や教育方針によつてもおのずから異なることを認めざるをえないのである。これを学生の政治的活動に関していえば、大学の学生は、その年令等からみて、一個の社会人として行動しうる面を有する者であり、政治的活動の自由はこのような社会人としての学生についても重要視されるべき法益であることは、いうまでもない。しかし、他方、学生の政治的活動を学の内外を問わず全く自由に放任するときは、あるいは学生が学業を疎かにし、あるいは学内における教育及び研究の環境を乱し、本人及び他の学生に対する教育目的の達成や研究の遂行をそこなう等大学の設置目的の実現を妨げるおそれがあるのであるから、大学当局がこれらの政治的活動に対してなんらかの規制を加えること自体は十分にその合理性を首肯しうるところであるとともに、私立大学のなかでも、学生の勉学専念を特に重視しあるいは比較的保守的な校風を有する大学がその教育方針に照らし学生の政治的活動はできるだけ制限するのが教育上適当であるとの見地から、学内及び学外における学生の政治的活動につきかなり広範な規律を及ぼすこととしても、これをもつて直ちに社会通念上学生の自由に対する不合理な制限であるということはできない。

そこで、この見地から被上告人大学の前記生活要録の規定をみるに、原審の確定するように、同大学が学生の思想の穏健中正を標榜する保守的傾向の私立学校であることをも勘案すれば、右要録の規定は、政治的目的をもつ署名運動に学生が参加し又は政治的活動を目的とする学外の団体に学生が加入するのを放任しておくことは教育上好ましくないとする同大学の教育方針に基づき、このような学生の行動について届出制あるいは許可制をとることによつてこれを規制しようとする趣旨を含むものと解されるのであつて、かかる規制自体を不合理なものと断定することができないことは、上記説示のとおりである。

(生徒に対する懲戒について)

生徒の懲戒については、当該懲戒が学校の教育目的の達成の観点から「必要かつ合理的な範囲」のものである必要があります。裁判例には、生徒の懲戒に当たり、懲戒に値するかどうか、いずれの懲戒処分を選ぶべきかを決するには、行為の軽重のほか本人の性格、平素の行状等諸般の要素を考慮する必要があり、これらの判断は学校の合理的裁量に任せるのでなければ適切な結果を期し難いとしたものや、「政治活動を理由に欠席した生徒を、学校が正当な理由のない欠席として懲戒処分することは政治的活動の自由を侵害することにはならない」としたものがあります。

なお、学校としては、あらかじめ、生徒の懲戒の基準について生徒や保護者に周知を図り、家庭等の理解と協力を得られるよう努めることが重要です。また、校長及び教員は、実際に懲戒を行うに当たっては、懲戒の手続等について定めた学校管理規則や校則等の要件を踏まえ、適正な手続を経るようにすることにも留意が必要です。

（参考1）教授会流会学生放学処分事件判決（最高裁昭和29年7月30日）

（略）

（参考2）三里塚闘争参加生徒停学退学処分事件判決（仙台高裁昭和54年5月29日）

懲戒処分のうち退学処分は、生徒の身分を剥奪する重大な措置であるから、退学処分の選択は当該生徒に改善の見込がなく、これを学外に排除することが教育上止むを得ないと認められる限りなされるべきものであり、学校教育法第11条の規定をうけた同施行規則第13条第3項が特に退学処分について処分事由を列挙しているのは右の趣旨を明らかにしたものと解せられる。そこで学校長は退学処分を行うにあたつてはその要件の認定につき他の処分に比較して特に慎重な配慮が要請されるのであるが、学校長が具体的事案について当該生徒に改善を期待できず、これを学外に排除するのも教育上止むを得ないものと判断し退学処分を選択した場合には、右学校長の判断は社会通念上合理性を認めることができないようなものでない限り、右処分は学校長の裁量権の範囲内でなされたものとしてその効力を是認すべきものである。

（参考3）三里塚闘争参加生徒停学退学処分事件判決（最高裁昭和58年4月21日）

（略）高等学校の生徒については、学校当局において授業への出席を要求し、これに従わないで正当な理由がなく授業を欠席した場合には、これに対しその規律権に基づく処分をすることができるものというべきであり、また、生徒が政治的活動を行うために無断で授業を欠席することが正当な理由のあるものとはとうていいうことができないから、これと同趣旨の見解に立つて第一次処分に違法はないとした原審の判断は相当というべきであり、原判決に所論の違法はない。所論は、また、（中略）右第一次処分は、上告人の正当な理由のない無断欠席を理由としてされたものであつて、政治的活動をしたこと自体を理由とするものではなく、また、前記のように生徒が授業に出席することを要求されている以上、その反面として、授業を欠席して右授業時間に他の行動をする自由を拘束されることとなるのは当然であつて、そのためにその限度で政治的活動をすることができなくなつても、これをもつて政治的活動の自由に対する侵害ということができないことは明らかであるから、右違憲の主張は、その前提を欠くというべきである。

Q４、生徒から、「デモ」参加の打合せのために放課後、休日に空き教室を使用したい旨申入れがあった場合、使用を許可することは適切でしょうか。

A、「デモ」参加の打合せは、通常は、政治的活動等に該当すると考えられます。このため、放課後、休日の空き教室の使用を許可するか検討するに当たっては、学校施設の目的外使用として適切かを、学校管理規則等に沿って御判断いただくことになります。

その際は、通知にあるとおり、学校施設の物的管理の上での支障、他の生徒の日常の学習活動等への支障、その他学校の政治的中立性の確保等の観点から教育を円滑に実施する上での支障が生じないよう、御判断いただくことが必要です。（略）

Q５、「選挙運動、政治的活動、投票運動は構内では禁止する」と学校が校則等で定め生徒を指導することはできますか。

A、Q１のとおり、学校教育法は、設置者管理主義をとっており、学校の設置者は、学校の物的管理（校舎をはじめとした施設の管理を含む。）や運営管理（児童生徒の管理を含む。）などに必要な行為をなし得るものと解されます。

このことや、学校の状況等を踏まえ、学校教育の目的の達成の観点から「構内では禁止する」と校則等で定め、生徒を指導することは不当なものではないと考えられます。

学校の構外における生徒の政治的活動

Q６、学校の構外で行われる生徒の政治的活動等について制限又は禁止することが必要とされる「違法なもの、暴力的なもの、違法若しくは暴力的な政治的活動等になるおそれが高いものと認められる場合」とは、どのような場合が想定されますか。

A、例えば、以下のような場合が想定されます。

【違法なものと認められる場合】

◆選挙運動に18歳に満たない者を動員した場合
◆必要な許可（地権者・市区町村、都道府県公安委員会等）を受けずに集会やデモを実施する場合
◆インターネット上（SNSを含む。）で対立候補やその支持政党等を誹謗中傷する場合
【暴力的なものと認められる場合】
※政治的活動等自体は違法ではないが、その中で暴力的な活動が行われることを想定
◆行進中に人に向かって投石を行うことや警備に当たる警察官の公務を妨害する行為等が行われるようなデモに参加する場合
◆人の生命、身体、財産、名誉、自由に対する害悪の告知を行うような集会に参加する場合
【違法又は暴力的な政治的活動等になるおそれが高いものと認められる場合】
※社会通念上、活動が「違法なもの」「暴力的なもの」になるおそれが高いものを想定
◆違法な無許可デモを繰り返しており、今後も同様の活動を続けることを公言している団体の主催するデモに参加する場合

Q7、放課後、休日等に学校の構外で行われる生徒の政治的活動等について、適切な指導を行うことが求められる「生徒が政治的活動等に熱中する余り、学業や生活などに支障があると認められる場合、他の生徒の学業や生活などに支障があると認められる場合、又は生徒間における政治的対立が生じるなどして学校教育の円滑な実施に支障があると認められる場合」とは、どのよう

な場合が想定されますか。

A、例えば、以下のような場合が想定されます。

【生徒が政治的活動等に熱中する余り、学業や生活などに支障があると認められる場合】

◆授業を欠席して、自身が支持する政治団体の主催する集会に参加する場合

◆政治的活動等に没頭して夜遅くまで頻繁に電話やメールをすることが続き、結果として、家庭での学習を怠り学業に影響が出たり、昼夜逆転の生活により授業への集中力を失ったりしている場合

【他の生徒の学業や生活などに支障があると認められる場合】

◆特定の政策を支持する集会への参加を要請するため、自宅にいる他の生徒に対して夜遅くまで頻繁にメールや電話をし、当該生徒の認識や社会通念を踏まえれば、当該生徒の学業や生活に悪影響が出ていると判断される場合

◆特定の政策に賛成する先輩が、部活動での人間関係を利用して後輩に集会への参加を強要する場合

【生徒間における政治的対立が生じるなどして学校教育の円滑な実施に支障がある場合】

◆特定の政策に賛成するグループと反対するグループとがある中で、学校内に対立が持ち込まれた結果、日常の生徒会運営や学級運営に支障が生じる場合

Q８、ＳＮＳ等による生徒のコミュニケーションや学校外の生徒の活動について、学校はどこまで実態把握を求められますか。

A、（略）

Q９、放課後、休日等に学校の構外で行われる政治的活動等について、届出制とすることはできますか。

A、放課後、休日等に学校の構外で行われる、高等学校等の生徒による政治的活動等は、家庭の理解の下、当該生徒が判断し行うものですが、このような活動も、高等学校の教育目的の達成等の観点から必要かつ合理的な範囲内で制約を受けるものと解されます。

したがって、高校生の政治的活動等に係る指導の在り方については、このような観点からの必要かつ合理的な範囲内の制約となるよう、各学校等において適切に判断することが必要であり、例えば、届出をした者の個人的な政治的信条の是非を問うようなものにならないようにすることなどの適切な配慮が必要になります。

（参考１）馳文部科学大臣閣議後記者会見録（平成28年１月４日）

（略）

国公私立問わず、これは基本的には、各都道府県の教育委員会、また学校法人等、あるいは国立大学法人が所管しておりますので、所管に任せたいと思います。

所感、違う意味での所感という意味で言えば、そこまで何か縛る必要があるのかなという一面と、もう一面は、やはりエスカレートしないように、行動を把握をしておくということは、そういう判断もあるのかなと思いますが、まさしく学校自体が、常に警察であったり、司法関係者であったり、医療機関であったり、福祉機関であったり、外部の機関と連携を常に持っておく必要があると思いますし、その集会に参加とかデモに参加することを報告をさせて、更に何か活動を萎縮させるようなことのないように配慮してほしいと思います。

（参考2）衆議院議員初鹿明博君提出高校生の政治活動を届出制にすることに関する質問に対する答弁書（平成28年1月19日閣議決定）

（略）

Q10、放課後、休日等に生徒が校門を出たところで政治的活動等を行うことについて、どのように考えればよいですか。

A、校門を出たところは学校の構外に当たります。したがって、通知の第3の3に従い、違法なものや暴力的なもの、それらになるおそれが高いもの（Q6の例を参照）はやめるよう指導すべきです。

違法又は暴力的なものに当たるおそれがない場合には、当該活動が学校の構内での活動に近い性質を有することに鑑み、他の生徒の日常の学習活動等への支障や、その他学校の政治的中立性の確保等の観点から教育を円滑に実施する上での支障が生じないよう、注意して対応することが必要です。

インターネットを利用した生徒の政治的活動

Q11、インターネットを利用した選挙運動は、どのような場合に公職選挙法違反となりますか。

A、（略）

Q12、公職選挙法上、SNSを利用した選挙運動（リツイート、シェア等）は可だが、電子メールを利用しての選挙運動は不可であることについて、どのように説明すればよいですか。

A、（略）

Q13、インターネットを利用した生徒の政治的活動等のうち、許される行為と許されない行為はどのようなものがありますか。

A、（略）

違反行為が行われていた場合について

Q14．公職選挙法に違反する行為をした場合、どのような刑事罰が科されるのですか。

A．（略）

Q15、生徒が公職選挙法等に違反していると考えられる場合、学校はどのように対応すればよいでしょうか。停学や退学といった懲戒処分の対象としてもよいでしょうか。

A、学校教育の役割としては、まずは、生徒が公職選挙法等に違反することがないよう、高校生向け副教材を活用しつつ、公職選挙法等に関する正しい知識についての指導を行うことが重要です。

しかし、もし、生徒が公職選挙法等に違反していると考えられる事態が発生した場合には、警察等の関係機関と適切に連携することになります。基本的には、法の執行に関しては関係機関に委ねつつ、学校としては、生徒指導上の課題として捉えた際に必要と考えられる指導を行っていくことが求められます。

また、懲戒処分の対象とすること自体は、必要かつ合理的な範囲内のものとして行うことは可能と考えられます（訓告や口頭注意等にとどめることも差し支えありません）が、その場合は、基準をあらかじめ明確化し、生徒や保護者に周知するとともに、学校管理規則や内規等で適正な手続を定めることが必要であることに留意してください。

その他

Q16、生徒の政治的活動等に対する指導等において、公立と私立で違いはありますか。それはどのような法的根拠によるものですか。

A、生徒の政治的活動等に対する指導等については、

1　学校は、教育基本法第14条第2項に基づき、政治的中立性を確保することが求められていること

2　高等学校等は、学校教育法第50条及び第51条並びに学習指導要領に定める目的・目標等を達成するべく生徒を教育する公的な施設であること

3　高等学校等の校長は、各学校の設置目的を達成するために必要な事項について、必要かつ合理的な範囲内で、在学する生徒を規律する包括的な権能を有するとされていること

などに鑑み、指導等が行われるべきものです。以上について公立と私立で違いがあるものではなく、本通知の第3の記載は、一般的には、公立・私立ともに通用するものです。

（略）

Q17、通知上、住民投票における投票運動と憲法改正国民投票運動の扱いが異なる理由を教えてください。

A、（略）

Q18、投票日当日に学校行事がある場合等に、投票を理由とした公欠を認めることは考えられますか。

A、学校行事等により、生徒が投票日当日に投票することが困難な場合は考えられますが、期日前投票、不在者投票といった制度を活用することで、期間内に投票することが適切であり、公欠を認めることは基本的に考えられません。

（略）

Q19、選挙期間中に海外に留学している生徒への対応についてどのように考えればよいでしょうか。

A、（略）

Q20、公立と私立の教員の政治的行為に関する法的制限の違いについて、具体的に教えてください。

A.（略）

著者紹介

石埼 学（いしざき　まなぶ）

１９６８年生まれ。龍谷大学教授　憲法学。趣味は釣り。妻と幼稚園児の娘と暮らす。
著書『憲法状況の現在を観る』（社会批評社、２００５年）、『デモクラシー検定』（大月書店、２００６年）、『人権の変遷』（日本評論社、２００７年）、『沈黙する人権』（共著、法律文化社、２０１２年）など。

猪野 亨（いの　とおる）

１９６８年生まれ、神奈川県出身。北海道大学法学部を卒業後、１９９８年に弁護士登録。２０００年よりいの法律事務所を開設。札幌弁護士会所属。２００５年より「悪質商法被害対策弁護団」の一員として、消費者問題について消費者の立場から被害救済に取り組んでいる。また２００９年からは『弁護士猪野亨のブログ』（http://inotoru.blog.fc2.com）の場で司法や政治問題について広く意見を発信している。共著に『マスコミが伝えない裁判員制度の真相』（２０１５年、花伝社）がある。

久保 友仁（くぼ　ともひと）

１９８５年2月４日生まれ、３１歳。高校生当時、子どもの権利条約についての活動やアフガン・イラク反戦等の政治活動に関わる中で「６９通達」を知り、高校生の政治活動規制の問題に関心を持つ。著書に『問う！高校生の政治活動禁止』（共著、社会批評社、２０１５年）がある。大学中退後、郵便局やファーストフード店での非正規雇用勤務を続ける。２０１０年1月、行政書士試験合格。

菅間 正道（すがま　まさみち）

１９６７年生まれ。自由の森学園・社会科教員。
教育科学研究会、高校生活指導研究会、学びあう教材・授業づくり研究会　所属。
著書に『新しい高校教育をつくる』（共著、新日本出版社、２０１４年)、『はじめて学ぶ憲法教室１巻〜４巻』（新日本出版社、２０１５年）他。『人間と教育』（旬報社）編集委員。

野見山 杏里（のみやま　あんり）

１９９７年１０月９日生まれ、１９歳の大学１年生。２０１６年３月に高校を卒業し、現在は大学に通う。高校１年生の秋頃、福島から避難されていた方々へのボランティア活動に参加したことをきっかけに制服向上委員会に入り、今年で３年目になる。好きなものは甘いもの。趣味はイラストを描くことで、制服向上委員会の公式ブログにも作品を掲載している。家族構成は、父、母、妹の４人家族。

宮武 嶺（みやたけ　れい）

開業して２５年余りの弁護士です。子どもの人権はライフワーク。
社会派ブロガーでもあり、以下のブログはアクセス数累計３０００万回を超えました。
Everyone says　I love you
http://blog.goo.ne.jp/raymiyatake

●投票せよ、されど政治活動はするな!?
—18 歳選挙権と高校生の政治活動

2016 年 10 月 30 日　第 1 刷発行

定　価　（本体 1600 円＋税）
著　者　石埼 学・猪野 亨・久保友仁・菅間正道・野見山杏里・宮武 嶺
装　幀　根津進司
発行人　小西 誠
発　行　株式会社　社会批評社
東京都中野区大和町 1-12-10 小西ビル
電話／ 03-3310-0681　FAX ／ 03-3310-6561
郵便振替／ 00160-0-161276
U R L　http://www.maroon.dti.ne.jp/shakai/
Facebook　https://www.facebook.com/shakaihihyo
E:mail　shakai@mail3.alpha-net.ne.jp
印　刷　シナノ書籍印刷株式会社